Neue traumhafte Privatgärten

in Deutschland

Inhalt

Vorwort 7

Auf den Spuren von Emil Nolde . . . 8
1 Nolde-Garten, Stiftung Seebüll, Neukirchen

**Meine Insel, wo ich Mensch
sein kann** 12
2 Helga und Friedrich Streppel, Ahneby

Garten-Lust macht Pflege leicht 16
3 Svenja Schwedtke und Rainer Kumetat, Bornhöved

Kleine Gärten auf großem Gelände 20
4 Ity Baur, Stockseehof

Wo ich immer schon sein wollte . . . 26
5 Christiane Helms, Lasbek

**Liaison zwischen Yunnan
und England** 30
6 Eberhard Pühl, »Maxwald Park«, Westerstede

Inspiriert vom Potager in Villandry 36
7 Monika und Ernst Wabnitz, Oldersum

**Wo das Neue fließend
ins Alte übergeht** 40
8 Birgit Hardinghaus, Neuenkirchen

**Wandel einer Gärtnerei
zum Garten** 44
9 Gesa Klaffke-Lobsien und Kaspar Klaffke, Hannover

**Wie Theorie in der Praxis
aussieht** 48
10 Angela und Wolfram Kircher, Hohenerxleben

Ein Garten Eden für die Seele 52
11 Ino Jänichen-Kurcharska, Crostau

**Mit der Natur gärtnert
es sich leichter** 56
12 Roswitha Amschler, Unsleben

Immer mit dem Geist des Ortes . . . 62
13 Hans Dorn, Schlüchtern-Elm

**Wie im Cornwall der
Pilcher-Romane** 66
14 Thomas Schäfer, Niddatal

**Hier kommt jeder
zu seinem Recht** 70
15 Georg Möller und Achim Weitershagen, Betzdorf

Ein Projekt folgt auf das andere . . . 74
16 Thomas Vollmert, Finnentrop-Rönkhausen

Beim Planen um die Ecke gedacht ..78
17 Waltraud Wehnes, Monheim

Wenn Details sich zum Ganzen fügen 84
18 Kristin Lammerting, Köln

Jetzt einmal ganz anders, bitte! ... 88
19 Ilse Drees, Bad Godesberg

Dackel, Rosen und Klosterpläne .. 92
20 Marie-Louise Kretschmer, Wiesbaden

Von der Kunst des richtigen Sehens 96
21 Hannelore Mattison Thompson, Schlangenbad

Mit starkem Hang zum Genuss ... 102
22 Claudia und Julius Georg ORB, Westhofen

Man wächst mit seinem Garten .. 106
23 Christine und Dietmar Eißmann, Nürtingen

Reise durch die Gärten dieser Erde 110
24 Robert Freiherr von Süsskind und Sabine Freifrau von Süsskind, Unterschwaningen

Eine der besten Schulen des Lebens 118
25 Josef Müller, Oberwiesenbach

Die tausend Nuancen der Farbe Grün 122
26 Heidi und Helmut Schindlbeck, Oberwiesenbach

Beim vierten Anlauf siegt die Rose 128
27 Gundi und Hans Schwarzmann, Walpertshofen

Boden und Klima im Griff 134
28 Philipp Huthmann, Erkheim

Eins und eins macht mehr als zwei 138
29 Johanna und Werner Müller, Kammlach

Habe ich den Garten oder hat er mich? 142
30 Hildegard Windholz, Markt Indersdorf

Redouté weckte die Liebe zu Alten Rosen 146
31 Silvia und Alo Krumm-Strahammer, Seeshaupt

Nach dem Prinzip des Feng Shui .. 150
32 Petra Steiner, Feldkirchen-Westerham

Start mit Potenzial auf reichlich Zuwachs 154
33 Monika Kasberger, Bad Griesbach

Anhang 158

INHALT 5

Vorwort

Das Leben eines Gartenfotografen kann ziemlich einsam sein: all die langen Stunden auf den Autobahnen, im Flughafen und das lange Warten auf das richtige Licht. Doch die ganze Mühe ist es mehr als wert, denn man lernt dabei wundervolle Gärtner kennen, von denen viele über die Jahre gute Freunde geworden sind. Wenn man so viel Zeit damit verbringt, diese besonderen Momente mit der Kamera einzufangen, braucht man ein ebenso besonderes Team an »Hintermännern«, das die Fotos weiterverarbeitet und vermarktet, und die heutzutage wirkliche Experten auf ihrem Gebiet sein müssen. Daher schätze ich mich glücklich, mit drei solchen Expertinnen arbeiten zu können. Meine älteste Tochter Jaana, die meine Homepage gestaltet und betreut. Meine Langzeit-Assistentin Alexandra Störtebek, die meine Fotos scannt und sich um alle digitalen Aspekte im Zusammenhang mit meinen Bildern kümmert. Schließlich das neueste Mitglied unseres Teams, Diplom-Biologin Martina Raabe, die alle botanischen Fragen beantwortet. Ich stehe tief in der Schuld dieser drei Menschen und bin dankbar für die wunderbare Unterstützung, die sie mir geben und ohne die ich nicht diesen meinen Beruf ausüben könnte: die schönsten Gärten der Welt zu fotografieren – von denen viele nun auch in Deutschland gelegen sind.

Eine Anmerkung zu den Gärtnern in diesem Buch. Wie ich schon in meinem vorherigen Buch (Traumhafte Privatgärten in Deutschland) sagte, sind Gärtner eine ganz besondere Gruppe von Menschen; und in diesem Buch stellen wir weitere 33 dieser »Typen« vor. Ob es nun Monika ist, die ein Rosen-Wunderland in der südlichsten Ecke des Landes erschaffen hat, ob Ingerose, Musikerin, Malerin und Gartengestalterin, oder Robert, der jeden Moment in seinem riesigen Gartenpark verbringt; ob mein guter Freund Philipp mit seinem Arboretum mit seltenen Pflanzen oder Eberhart, der »englische« Gärtner im Norden des Landes; ob Svenja und Rainer, die 24 Stunden am Tag mit Hingabe im Garten arbeiten, Josef, dessen Garten jedes Jahr größer wird, oder Ilse, mit einem der kleinsten Gärten, die ich kenne – ebenso, wie all die anderen wundervollen Menschen, die hier vorgestellt werden und von denen jeder eine spannende und besondere Geschichte zu erzählen hat. Sie sind grundverschieden, doch alle verbunden durch die Liebe zu einem ganz besonderen Platz, ihrem persönlichen Garten.

Hamburg, im Mai 2009   *Gary Rogers*

Noch ein Buch, und noch mehr Gartenwunder: Wieder öffneten die Besitzer von 33 Gärten Gary Rogers und mir ihre Pforten. Wieder hatte ich das große Glück, aus erster Hand zu erfahren, was einen Menschen dazu bewegt, sich auf ein meist jahrzehntelanges Projekt einzulassen. Nachzuvollziehen, wie die Gärten zu dem wurden, was sie heute sind. Mitzufühlen, wie großartig es ist, dass immer etwas zu tun bleibt, und dass es auf wundersame Weise oft nur gerade so viel ist, wie der Gärtner es sich wünscht.

Wieder liegt die Spannung darin, dass die Gärten so unterschiedlich sind wie ihre Gärtner. Da gibt es die Solisten, die ihre Fantasien buchstäblich zum Leben erwecken, ebenso wie die Duette, wo »Headgardener« und »Undergardener« agieren oder Hand in Hand gearbeitet wird. Es gibt die Sammler, die beharrlich auf der Jagd nach ganz bestimmten Raritäten sind. Auf der anderen Seite stehen die Ästheten, die lebende, perspektivisch gewichtete Großskulpturen aus den Pflanzen aufbauen, die dazu passen. Und es gibt alle Spielarten zwischen diesen beiden Extremen. Was habe ich wieder für eine Freude daran gehabt, die verschiedenen Typen auszuloten! Auch dieses Mal bin ich allen Gartenbesitzern äußerst dankbar für ihre einladende Offenheit und die so lehrreichen wie unterhaltsamen Gespräche. Meine Bewunderung ist ihnen sicher!

Einige Gärten in diesem Buch stehen noch am Anfang, lassen aber bereits eine Richtung erkennen. Andere präsentieren sich als reife, an Perfektion grenzende Gestaltungen. Demnach können sowohl Anfänger als auch Fortgeschrittene Inspirationen für ihren eigenen Garten darin finden. Und das ist sicher: Ohne Vorbild geht (fast) nichts. Es verwundert kaum, dass viele zu diesem Zweck ihre suchenden Blicke nach England richten: unserem Mutterland der (Privat)Gärten. Jeder zieht daraus seine persönlichen Schlüsse. Für die einen sind es die überüppig gefüllten Rabatten, für die anderen die wohldefinierten Räume, die das typisch Englische ausmachen. Wie sehen Sie das? Ich lade Sie ein, mir auf der Spurensuche zu folgen – in das Gartenland der Offenen Pforten!

Offenburg, im Mai 2009   *Silke Kluth*

NOLDE-GARTEN, STIFTUNG SEEBÜLL, NEUKIRCHEN

Auf den Spuren von Emil Nolde

Vorwärts in die Vergangenheit

Emil Nolde ging es wie vielen Haus- und Gartenbesitzern: Er war besessen von den Blütenfarben. Von Pflanzen hatte er jedoch nur wenig Ahnung. Dennoch: Wo immer Nolde mit seiner Frau Ada wohnte, war beiden ein schöner, bunter Garten wichtig. »Die Farben der Blumen zogen mich unwiderstehlich an«, schrieb er in seiner Autobiographie »Mein Leben«. 1927 zog das Paar nach Seebüll. Ein eigenwilliges Haus mitsamt Atelier ließ Nolde auf der Warft nach seinen Plänen errichten. Und einen Garten. »Ein Stück ... Grasfeld sollte unser Garten werden. Ein hartes Beginnen, aber es musste gelingen«, schrieb er über den Neuanfang. Den Grundriss dafür dachte sich das Paar selber aus: Die Buchstaben A (für Ada) und E (für Emil) bilden die Wege im Herzstück des Gartens um Beete und den Teich. Die Blumenwünsche des Malers setzte der Gärtner Claus Behrend in lebende Gartenbilder um. 1936 löste Thomas Börnsen ihn ab, der den Garten bis 1976 pflegte.

Ein Stück gestaltete Natur sollte der Garten für die Noldes sein, ein Freiluftatelier, aber auch ein Refugium, wo beide »freie Luft« atmeten, »Erholung und Ruhe genießend«. Neben Einjährigen pflanzten die Gärtner Ulmen, Obstbäume, Goldregen, Hochstamm-Rosen, kleine Schlehen und Pappeln für den Windschutz; ebenso Stauden, die zu dieser Zeit modern wurden. Die Atmosphäre war der eines Bauerngartens nachempfunden.

Seit gut fünf Jahren gibt es einen neuen Gärtner, der sich des Stücks rund um das Noldehaus auf der Warft annimmt. Eine Herausforderung: Was Andreas Weber vorfand, waren ungepflegte Beete sowie hohe, dicht zugewachsene Gehölze. Damit nicht genug: Der A-und-E-Grundriss bestand zwar noch, aber vieles war nicht mehr so wie zu Noldes Zeiten. Nun soll aber nicht nur das Haus ein Museum des Malers sein, sondern auch der für ihn so wichtige Garten. Und daher ist Andreas Weber zugleich ein Restaurator, der sich darum bemüht, aus vielen Puzzle-Teilchen alles soweit als möglich wieder in den ursprünglichen Zustand zurückzuversetzen und zu erhalten, was davon noch übrig ist.

Ein konkreter Pflanzplan fehlt, erst recht Arten- und Sortenbezeichnungen. »Früher wurde nicht nach Sorten gegärtnert, sondern mit Pflanzen, die man schön fand und die sich hier hielten«, erläutert Andreas Weber. Also rollt er die Sache systematisch auf: Er spricht mit Zeitzeugen, die hier gearbeitet haben. Er sammelt Fotos und Börnsens Aufzeichnungen. Er liest viel von dem, was Nolde und die Angestellten aufgeschrieben haben. Er schaut sich die Gemälde an. Und zieht aus allem detektivische Rückschlüsse. Wo verliefen die Wege? Wo standen welche Bäume? Was hat Ada Nolde zu Sträußen gebunden? Da lässt sich das Meiste korrigieren, doch »bei einigen Pflanzen ist es unmöglich, zu sagen, ob sie aus Noldes Zeit stammen«, erläutert Andreas Weber. »Vieles gibt es nicht mehr und ist daher schwer vergleichbar.« Zwei, drei Rittersporne, vermutet er zum Beispiel, sind »echt« und stammen wahrscheinlich von Karl Foerster.

Bei all dem Graben in der Vergangenheit ist der Restaurierungsgärtner keineswegs von gestern. Anders als sein Vorgänger arbeitet er mit modernen Geräten und Methoden. Und noch etwas macht er auffällig anders: Die Blütenstände vieler Arten lässt er nach dem Verwelken stehen. Damit riskiert er Ärger. Mancher Besucher empfindet diesen Anblick als »ungepflegt«. Solche Vorwürfe kann Andreas Weber jedoch meist entkräften, indem er erklärt, dass dem Garten im Spätsommer etwas fehlen würde, wenn man ihm durch das Ausschneiden von Verblühtem an Volumen und Details wegnimmt. Rückendeckung erhält der Gärtner in dieser Sache sogar von Nolde selbst, der einst schrieb: »Ich liebte die Blumen in ihrem Schicksal: emporsprießend, blühend, leuchtend glühend, beglückend, sich neigend, verwelkend, verworfen in der Grube endend. Nicht immer ist unser Menschenschicksal ebenso folgerichtig und schön.« Wenn das nicht überzeugend ist!

> **GARTEN—STECKBRIEF**
>
> **Adresse und Öffnungszeiten:**
> Nolde Garten, Stiftung Seebüll, 25927 Neukirchen, Tel. 04664/983930
> www.nolde-stiftung.de. Täglich 1. März bis 2. Dezember 10–18 Uhr; vo
> Juni bis September zusätzlich donnerstags bis 20 Uhr; Eintritt: 8 Euro.
>
> **Größe:**
> 2 500 Quadratmeter.
>
> **Charakter:**
> Ein ländlicher Garten mit Windschutzgehölzen, Sommerblumen und Stauden, die zu Noldes Zeiten verbreitet waren. Grundriss sowie Pflanzenauswahl sind mindestens zu 90 Prozent wieder hergestellt.

1 | Königskerzen, Mohn und Ringelblumen – wer möchte, kann sich seit kurzem Samen der Nolde-Pflanzen aus der angegliederten Bioland-Gärtnerei mitnehmen. Auch im Nolde-Garten selbst arbeitet man mit der Natur. Gedüngt wird mit Hornspänen, Rizinusschrot und selbst hergestelltem Kompost. Urgesteinsmehl dient der nachhaltigen Verbesserung des schweren Kleibodens.

2 | Oft werden die Gärtner gefragt, wo denn die Buchstaben A und E zu finden seien. Im Sommer verwischen die Pflanzen die Konturen, sodass der Grundriss kaum zu erkennen ist: Links ahnt man das A – wenn man es weiß! Im Winter und im Frühjahr sind die Buchstabenbeete dagegen offensichtlich. Wie zu Noldes Zeiten besteht ihr Rahmen aus »Einfassungsprimeln« (*Primula*-Juliae-Hybriden).

3 | Gekonnt komponiert: Andreas Webers Philosophie bei der Pflanzenzusammenstellung besagt, dass sie so natürlich wie möglich wirken soll. Zweijährige wie die Königskerze verbreiten sich, wo er sie lässt, von selbst. Anders als sein Vorgänger, der gern eine ganze Reihe einer Sorte ins Beet säte, zieht der neue Gärtner Einjährige im Gewächshaus vor und mischt sie – wie zufällig – zwischen die Stauden.

Vorhergehende Doppelseite:
Großes Bild: Bezüglich der Dahlien herrschen unterschiedliche Meinungen darüber, was Nolde mochte und was nicht. Auf jeden Fall fand er es attraktiv, diese auf unterbrochenen Wällen entlang der Rasenfläche pflanzen zu lassen. **Kleines Bild:** Für den klaren Farbton des Mohns konnte Nolde sich begeistern, wie mehrere Gemälde und der Titel des 1942 entstandenen Bildes »Großer Mohn (rot, rot, rot)« beweisen.

GARTEN NOLDE 11

HELGA UND FRIEDRICH STREPPEL, AHNEBY

Meine Insel, wo ich Mensch sein kann

Neue Heimat für bedrohte Arten

Während eines Ostsee-Urlaubs schauten die Streppels spaßeshalber in die Zeitung – und wurden fündig: Vier Hektar Land, wie sie es sich geträumt hatten, fielen ihnen quasi in den Schoß. Helga Streppel beschäftigte sich von da ab intensiv mit Gartengestaltung und sprach unter anderem mit einem alten Meister. »Pflanzen Sie einen Rahmen, warten Sie zehn Jahre und ziehen Sie erst dann um«, schlug er vor. Ein guter Rat: Höhere Gehölze sind in der windigen Gegend unerlässlich. Fast hielten sich die Streppels daran: Nach sieben Jahren des Pendelns zwischen Niederrhein und Schleswig-Holstein wurde Ahneby ihr neuer Hauptwohnsitz.

»Wir sind als Gartenbesitzer verantwortlich für diesen Lebensraum«, findet Helga Streppel und stellte sich bei der Gestaltung – einer »Lebensaufgabe« – stets die Frage: »Was kann ich hier für die Natur tun?« So entstand um das Haus ein ländlicher Garten in der Tradition des englischen Cottagestils, mit allem, was diesen auszeichnet: »Eine üppige und wohlgeordnete Zwanglosigkeit«, zählt Helga Streppel auf. »Nützliches, wie Gemüse, wird mit dem Angenehmen verbunden, Wege aus einheimischem Material angelegt und mit geschnittenem Buchs eingefasst.«

Die Streppel'sche Cottagegarten-Variante sieht man nicht alle Tage. Mehrere großzügige Blumenstücke mit eher runden Konturen und eingestreuten Gehölzen bestimmen das Bild. Ihre drei geradlinigen Gemüsebeete band Helga Streppel inmitten zweier dieser bunten Rabatten ein, statt sie, wie üblich, zu isolieren. Vier Buchskarrees mit Mittelrondell präsentieren sich als formaler Kräutergarten. Was nicht heißen soll, dass die Kräuter auf diese Beete beschränkt sind: Sie wachsen eigentlich überall, zum Beispiel an der Scheunenwand oder, wie der Rosmarin, zwischen zwei Gebäuden – sonst käme er hier gar nicht über den Winter.

Der Winter und der Wind haben keinen geringen Anteil an der Gestaltung des Gartens. Hecken, Büsche und Knicks legten die Streppels auf dem leicht nach Süden abfallenden Grundstück immer in Nord-Süd-Richtung an, als Schutz gegen die kalten Ostwinde. Und immer etwas höher, um ein günstigeres Mikroklima für den Garten zu erreichen, denn im Frühjahr bleibt es hier lange nasskalt. Das englische Alitex-Gewächshaus wurde eigens verstärkt, damit es selbst gegen Orkane gewappnet ist.

Ein besonderes Anliegen der Gartenbesitzerin ist es, einheimische Wildpflanzen zu integrieren. Bei einer Aktion zur Wiederansiedlung bedrohter Gewächse stellte sie fest: »Von der Liste mit 60 Arten habe ich bereits 40!« Allerdings nicht nur im Cottagegarten, der nur einen Teil des Grundstücks einnimmt. Die Streppels legten zudem eine Streuobstwiese mit 22 Halb- und Hochstämmen an,

überwiegend Äpfel, dahinter einen Knick mit Wildrosen. Es folgen ein Hektar Schafwiese, ein Buchenwald und schließlich der »Wildgarten« mit einem Teich in einem Gletscherloch. Zwischen den Bäumen ist viel Luft, und mit Spannung verfolgen die Streppels, welche Hochstaudenfluren entstehen, wenn der Mensch sich heraushält. Einige Nachbarn schlossen sich der Idee des naturnahen Umgangs mit ihrem Land an. Insgesamt ergibt das eine Insel von 12 Hektar zusammenhängendem Raum. Die erfreulichen Folgen sind nicht zu überhören. Laubfrösche meldeten sich schon vor Jahren mit lautstarkem Quak-Konzert zurück, und kürzlich ließ sich der Sprosser – die norddeutsche Schwester der Nachtigall – wieder hier nieder, worauf man ganz besonders stolz ist. »Mit einfachen Mitteln lässt sich viel machen«, lautet das Fazit von Helga Streppel, und sie öffnet ihren Garten nicht zuletzt deshalb interessierten Besuchern, um ihre Erfahrungen weiterzugeben.

 GARTEN–STECKBRIEF

Adresse und Öffnungszeiten:
Helga und Friedrich Streppel, Westerstraße 14, 24996 Ahneby, Tel. 04637/1716. Besuch nach telefonischer Absprache oder zum Offenen Garten. Termine unter www.offenergarten.de.

Größe:
3 000 Quadratmeter Cottagegarten, 10 000 Quadratmeter »Wildgarten«

Charakter:
Ein seit 1991 gestalteter Garten im Cottagestil mit großen, gemischten Rabatten, Gemüsebeeten, Kräutergarten und mehreren Sitzplätzen. Zusätzlich eine Streuobstwiese und ein Landschaftsgarten mit Naturteich.

1 | Ab Mitte des Jahres wird zwischen den Stauden nach Sämlingen von Fingerhut, Duftnessel, Vergissmeinnicht, Primeln und anderen Arten Ausschau gehalten. Brauchbares zieht im Herbst oder zeitigen Frühjahr an einen passenden Platz um.

2 | 1987 erhielt Helga Streppel den 1. Preis der Stadt Goch in der Kategorie »Naturgarten«. Auf eine solide Erfahrungsgrundlage konnte sie also bereits bauen, als sie sich an die Gestaltung ihrer neuen Gärten auf dem Ackerland in Ahneby machte.

3 | Ein »ganzer Rummel« des Fingerhuts (*Digitalis purpurea* 'Gloxiniiflora') wandert durch die Beete und am Wegesrand entlang, wo es ihm gerade gefällt. Diese Gruppe zeichnet sich durch große Blüten in hellem Purpur bis Weiß aus.

Vorhergehende Doppelseite:
Großes Bild: Mit dem englischen Gewächshaus erfüllte sich Helga Streppel einen Traum. Darin zieht sie Saisongemüse und sät Sommerblumen. 2008 waren es 600 Einjährige – weil es Spaß macht. Vieles wird verschenkt. **Kleines Bild:** Mittelhohe Buchshecken entlang der Wege gliedern den Garten und verleihen ihm Struktur.

GARTEN STREPPEL 15

SVENJA SCHWEDTKE UND RAINER KUMETAT, BORNHÖVED

Garten-Lust macht Pflege leicht

Anleitungen zum Glücklichpflanzen

Warum sind die Offenen Gartenpforten so erfolgreich? Vor allem wohl, weil man sich mit Gleichgesinnten austauschen und für die eigene Gestaltung etwas abgucken kann. Was das betrifft, kommt man in der Staudengärtnerei Bornhöved ganz sicher auf seine Kosten: Ein Großteil des Geländes ist nichts anderes als ein Kaleidoskop von Möglichkeiten. So öffentlich die rund zehn »Schaugärten« sind, so persönlich sind sie auch. Wer sie sich auf einer Führung näher bringen lässt, ist höchst gefährdet, von der sprühenden Gartenlust der Inhaber angesteckt zu werden.

Schon der Auftakt sensibilisiert die Sinne: Auf dem Weg zum Eingang steigen die Aromen einer Sammlung von Duftpflanzen und Kräutern in die Nase. Das entschleunigt enorm, ebenso wie die Atmosphäre der »Empfangshalle«, einem Gewächshaus. Sie verlockt zum Stöbern »in feinen Dingen«, wie Svenja Schwedtke es ausdrückt: Bücher, kleine Werkzeuge, Handschuhe, Gärtnerseifen, und es gibt köstlichen Biokuchen und Biokaffee. Später! Denn draußen wartet das Gartenglück zum Nachpflanzen. Das Staunen beginnt am »Long Walk«: Zur Linken fängt die unvergleichlich frische Ausstrahlung der »Blaugelben Rabatte« den Blick, zur Rechten die Staudenkollektionen, und fast ist es Svenja Schwedtke peinlich, aufzuzählen, welche Arten hier in zahlreichen

Sorten zum direkten Vergleich nebeneinander stehen, so viele sind es: Taglilien, Phlox, 70 bis 80 Storchschnäbel, Astern, Anemonen und Gräser. Ihre Leidenschaften wechseln jährlich. Aktuell liebt sie »die Läuche« (etwa 40 verschiedene) sowie die Elfenblumen.

Der »Long Walk« führt in den »Großen Staudengarten«, wo die Gewächse nach Standorten sortiert und, falls es passt, in Kombination mit Gehölzen stehen. Der Weg zurück kann dauern, denn er führt an vier Gartenräumen vorbei, für die sich die Bornhöveder jeweils etwas anderes ausdachten. Da ist der »Geheimnisvolle Garten« mit dunkellaubigen Stauden und Gehölzen sowie Blüten in Lila, Purpur und Dunkelrot, die auf etwas erhöhten Beeten thronen – mit erstaunlichem Effekt. Im »Grünen Garten« stehen vier Buchsbeete mit rundem Platz in der Mitte. Statt Bauerngartenpflanzen präsentiert er allerdings jede nur erdenkliche Grünschattierung und schwelgt zudem in panaschierten Pflanzen. Diese Gestaltung lenkt das Augenmerk auf Blattfarben und -formen, auf Textur und Struktur. »Toll, wie das beruhigt«, kommentiert Svenja Schwedtke. »Ein richtiger Feierabendgarten.« Sein Nachbar ist das genaue Gegenteil: Im »Heißen Garten«, den englischen »Hot Borders« nachempfunden, lodert es neben dunkellaubigen Pflanzen in Rot, Orange und Gelb, und irgendwie wird es den Besuchern in diesem Gartenzimmer immer ein bisschen wärmer.

Neben diesen Schaustücken beherrscht Rasen zwei neuere Gärten. Hüben drehen Kinder und Väter – wenn sie nicht auf dem Spielplatz im Sandkasten wühlen – im Rasenlabyrinth kurzweilige Warteschleifen. Tausende von Krokussen und Narzissen markieren die Wege im Frühjahr, die sich im Sommer kurz geschoren durch höheres Gras winden. Drüben quert ein diagonaler Weg das ruhige Rasenstück mit Sitzecke und zwei Brunnen. Dort kann man seine Eindrücke sortieren. Ebenso im Cafe, oder im angeschlossenen, naturhaft-charmanten »Waldgarten« mit Weidenpavillon. Hier wachsen Stauden und Zwiebelblumen, die gern verwildern. Und Disteln, was durchaus gewollt ist: In der Staudengärtnerei Bornhöved gilt die Gastlichkeit auch den Insekten und anderen Tieren.

Vorhergehende Doppelseite:
Großes Bild: Im »Schnittblumengarten« folgen in den schmalen, diagonal verlaufenden Beeten auf Tulpen Einjährige, Zierlauch, Stauden, Lilien und Dahlien. Besonders üppig im Spätsommer! **Kleines Bild:** Pflanzenstandort Fahrradsattel mit Dachwurz – an verspielten Dekorationen fehlt es in der Staudengärtnerei nicht.

1 | Der »pflegeleichte Garten« ist ein fast alltäglicher Kundenwunsch an Svenja Schwedtke und Rainer Kumetat. Ihre Erfahrung zeigt, dass der Einstieg in das Gestalten und somit das Kennenlernen der Pflanzen nicht selten den Spaß am Gärtnern weckt. Darüber fällt schon bald »die Pflege leicht«. Wunsch erfüllt!

2 | Wunderbar, dass sich der Mohn nach der Blüte mit Samenkapseln ziert! Seine Ablösung startet in Form von Ligularien durch, die gerade ihre gelben Blütenkerzen öffnen. Danach kommen die Gräser zum Zug – eine aufgrund ihrer Dynamik und Leichtigkeit zu Unrecht vernachlässigte Pflanzengruppe, findet Svenja Schwedtke.

3 | Im »Großen Staudengarten« demonstriert ein eigens angelegter Teich, welche Arten sich für das Ufer eignen. Daneben leisten die Standorte »Freifläche« sowie »Waldrand« Überzeugungsarbeit contra Cotoneaster: Überlegt kombinierte Stauden am richtigen Platz wachsen so dicht zusammen, dass Unkraut das Nachsehen hat.

 GARTEN–STECKBRIEF

Adresse und Öffnungszeiten:
Staudengärtnerei Bornhöved, Plöner Straße 10, 24619 Bornhöved, Tel. 04323/6580, www.staudengaerten.de. Geöffnet März bis Oktober: Montag, Donnerstag bis Samstag 10 bis 18 Uhr, Dienstag geschlossen, Mittwoch 13 bis 18 Uhr. November/Dezember: Donnerstag bis Samstag 10 bis 16 Uhr. Januar/Februar: nach Verabredung.

Größe:
1,5 Hektar, davon etwa drei Viertel Schaugärten.

Charakter:
Staudenbetrieb mit Beispielgärten und Pflanzkombinationen, dessen Sortiment Anfänger und Raritätenjäger gleichermaßen zufriedenstellt.

ITY BAUR, STOCKSEEHOF

Kleine Gärten auf großem Gelände

Altes Erbe und frischer Wind

Auf dem Gut Stockseehof sind die »Kleinen Gärten« zu Hause. Das mag bei einer Gesamtfläche des landwirtschaftlichen Betriebs von 500 Hektar etwas seltsam klingen. Und doch ist da was dran, denn auf dem Parkgelände rund um die Gutsgebäude und den See ist ein spezieller Platz für Gärten reserviert, deren Größe zwischen 25 und 100 Quadratmetern beträgt. Jedes Jahr präsentieren hier die Gestaltungsprofis anlässlich der »Park & Garden Country Fair« aufs Neue, was man mit einer solchen Fläche alles anfangen kann.

Die »Kleinen Gärten« haben eine tolle Kulisse: Der Stockseehof liegt am südlichen Rand der sanft hügeligen Holsteinischen Schweiz und wurde als adeliges Gut schon um 1543 erwähnt. Von den Grafen von Reventlow ging es über in den Besitz der Herzöge von Holstein-Plön und weiter an die dänische Krone. Seit 1926 bewirtschaftet die Hamburger Kaufmannsfamilie Baur den Hof, nun schon in vierter Generation. Das Herrenhaus ist jüngeren Datums, und doch herrscht die spürbare Atmosphäre der alten Geschichte. Den Teich gibt es seit Jahrhunderten, auf seiner Insel, die heute die begehrtesten Standplätze der Aussteller bietet, gab es bis 1789 ein Jagdschlösschen. 1816 war das Pflanzjahr der nun beeindruckenden Lindenallee; der Park selbst entstand um 1890.

Natürlich haben die Gutsbesitzer und Park-&-Garden-Initiatoren Ity und Georg F. Baur auch einen Privatgarten. Der macht sich allerdings ganz schön schmal – die Zelte der Aussteller beanspruchen eben so ihren Platz. Er liegt neben dem Herrenhaus, und zwar an der vom Parkgeschehen abgewandten Seite. Ity Baur stellte sich dafür einen Bauerngarten vor. »Ich bin selber altmodisch«, sagt sie, nicht ganz ernst. »Mir ist daran gelegen, die Traditionen aufrechtzuerhalten.« Schließlich hatte ihre Großmutter schon einen ganz formalen Bauerngarten (in der Stadt!). Der ihrer Mutter war etwas »gemischt«, und sie selbst zieht es ebenfalls ein wenig lockerer vor. Zusammen mit dem Gartenarchitekten Ulrich Timm entwickelten die Baurs ihren persönlichen Stil: die Verbindung von ursprünglichen Bauerngartenpflanzen mit natürlichen Formen, eher eine Art Cottagegarten, der sich den Gegebenheiten auf Gut Stockseehof anpasst. Er beginnt an der Küchenseite des Herrenhauses mit einer »Kräuterabteilung«, wo man sich schnell mal eben alles frisch besorgen kann, was man gerade zum Kochen benötigt: Schnittlauch, Rosmarin (»schon richtige Büsche!«), Basilikum, Zitronenmelisse, Dill (»sehr beliebt bei den Hasen«) und sogar Lorbeer, der die Winter bislang prima überstand.

Wege aus rustikalem Naturpflaster, dessen Steine und Blockstufen man eigens auf dem Gutsgelände gesammelt hatte, führen zu den schlauchförmigen Beeten des »Herrenhausgartens«. Deren etwas ungewöhnliche Gestalt ergab sich aus drei Bedingungen: Sie durften nur wenig Ausstellerfläche besetzen, sollten von den großen Sonnenfenstern auf der Westseite des Hauses aus gut zu sehen sein, und sie nehmen die Stufe des Geländes auf. Die Pflanzen – eine beeindruckende Liste mit 64 verschiedenen Stauden- sowie einigen Gehölzarten – stellte Ulrich Timm nach Wünschen der Gutsleute in möglichst großer Vielfalt und nach möglichst langer Blütezeit mit Höhepunkt im Frühsommer (nämlich zur »Park & Garden Country Fair«) zusammen. Zur Hausseite hin staffelte er die Gewächse von den Bodendeckern bis zu imposanteren Stauden. Gleichzeitig wählte er die Pflanzen umso größer, je weiter sie von der Terrasse entfernt sind. Hohe Schnittstauden sollten darunter sein, denn Ity Baur schneidet gern üppige Sträuße. Buschmalven, die Lieblingsblumen von Georg F. Baur, kamen nachträglich hinzu.

1 | Wo die alten Kirschbäume einst herrliche Frühlingsbilder abgaben, ist heute der Platz, wo die Wettbewerber ihre »Kleinen Gärten« vorstellen. Kirschbäume sind immer noch genügend übrig, auch für Selbstpflücker, die sich ihre Früchte sogar entsteinen lassen können.

2 | Die Beete des »Herrenhausgartens« entstanden erst vor wenigen Jahren. Ihre Aufgabe ist es, den Blick einzufangen, damit er von der Terrasse nicht nur über die Pferdekoppel hinter dem Zaun und die Hecke hinweg in die Weite der Felder zieht.

3 | Wildromantisch geht es im »Bauerngarten« zu. Ity Baur wünschte sich eine Bepflanzung in Rosatönen, Weiß bis Lila, etwas Rot, nur kein Gelb. Das Vogelhäuschen mit Dachbegrünung blieb nach einer Ausstellung vor zehn Jahren hier.

Vorhergehende Doppelseite:
Großes Bild: Vor acht Jahren gab es auf dem Stockseehof einen ersten Wettbewerb, bei dem Quadrate von zwei mal zwei Metern zu gestalten waren. Sie stehen nun hinter einer Bogenhecke, die in Erinnerung an einen schweizer Aquädukt entstand.
Kleines Bild: Das Herrenhaus baute Georg F. Baurs Vater 1960 im klassizistischen Stil der Baurschen Bauten in Hamburg. Der Sohn erinnert sich daran, schon in seiner Kindheit unter der uralten Linde Höhlenverstecke angelegt zu haben.

Garten-Ideen im guten Dutzend

Fast zehn Jahre ist es her, da kamen Ity und Georg F. Baur erstmalig auf den Gedanken, ihren Park um kleine, von Profis gestaltete Gärten zu bereichern. Damals waren es eigentlich eher noch Beete, denn sie baten sechs Gärtner darum, je ein Quadrat von zwei mal zwei Metern mit einer dauerhaften und rund ums Jahr attraktiven Bepflanzung zu bestücken. Der Bereich dafür liegt im Halbschatten von Bäumen und geriet folglicherweise ziemlich grün. Zum Ausgleich versahen die Gutsleute die Wege zu den Tagen der »Park & Garden Country Fair« zwischen den Quadraten mit roter, grüner und blauer Farbe für den Außenbereich und nannten das Gesamtkunstwerk »Colour Blocking«. Die Farbe verschwand nach etwa anderthalb Jahren. Die Beete dagegen blieben dem Stockseehof erhalten und werden weiter gepflegt.

Den Wettbewerb um die »Kleinen Gärten, die »Small Gardens«, loben sie in diesem Jahr zum sechsten Mal aus. Ity Baur gibt jedes Mal ein anderes Thema vor, für 2009 zum Beispiel »Stadt, Land, Fluss«. Was die Beurteilung betrifft, hat sie »nichts zu sagen«, denn das erledigen die vier renommierten Gartenexperten der Jury. Anders als auf der berühmten »Chelsea Flower Show« in London, wo die Wettbewerber innerhalb von drei Wochen aus einem Stück Park einen Garten zu zaubern haben, der überdies nach vier Tagen Show wieder in Park zurückverwandelt wird, dürfen die Gestalter bereits im März mit dem Bau ihrer Konzepte beginnen.

Ende Mai kommt mit der »Park & Garden Country Fair« der große Tag der Jury. Alle Gärten können aber noch bis zum September weiter einwachsen und stellen sich dabei gleichzeitig der Wahl des Publikumspreises. Die Gewinnergestaltungen dürfen zusätzlich ein weiteres Jahr auf dem Stockseehof verbleiben, und einige davon gefielen den Baurs so gut, dass sie diese sogar für immer zu einem Teil des Stockseehof-Parks auserkoren. Dazu gehört der »Bambusgarten« von Simon Herda, der »Duftgarten« von Sabrina und Herbert Vinken sowie Iris Scholz, und der »Birkengarten« von Studenten der Hochschule Hannover, ein »beruhigendes« Stück mit Birken und einem Wasserbecken. Alle anderen »Kleinen Gärten« ziehen zum Ende der Saison wieder aus. Das ist noch einmal ein richtiges Fest – im wahrsten Sinne des Wortes, denn beim »Schnipp-Schnapp-Schnäppchen-Markt« wird zum einen der Publikumspreis verliehen, zum anderen die Pflanzen, Materialien und Accessoires der Gärten zum Schnäppchenpreis abgegeben.

Der Weg zum Stockseehof, um, wie die Gutsleute sagen, »Garten-Ideen zu pflücken«, lohnt sich also. Während man bei der »Chelsea Flower Show« entweder stundenlang anstehen oder bis kurz vor der Schließung am Abend Geduld beweisen muss, um mehr als einen kurzen Blick auf die ausgestellten Gestaltungsbeiträge zu werfen,

kann man die »Kleinen Gärten« über Monate immer wieder in Ruhe betrachten und in Gedanken für das eigene Grundstück ausprobieren. Oder sich Anregungen für bestimmte Details holen – ein attraktives Gehölz vielleicht, ein außergewöhnliches Pflaster oder ein Wasserelement. Zur Erntezeit besteht obendrein die Möglichkeit, sich mit den beliebtesten Erzeugnissen des Stockseehofs einzudecken: Süßkirschen, Schattenmorellen und Himbeeren – auch zum Selberpflücken – und, in der Adventszeit, Weihnachtsbäumen.

 GARTEN–STECKBRIEF

Adresse und Öffnungszeiten:
Ity Baur, Stockseehof, 24326 Stocksee, Tel. 04526/309716.
Geöffnet von Juni bis September von 11 bis 18 Uhr. Veranstaltungstermine auf der Homepage www.stockseehof.de.

Größe:
Gartengelände: 3 Hektar, davon Privatgarten 300 Quadratmeter.

Charakter:
Auf dem um 1890 entstandenen Parkgelände gibt es den großen Teich alten Gehölzbestand, den privaten »Bauern-« und »Herrenhausgarten« sowie wechselnde Gestaltungsbeispiele für kleine Gärten.

1 | »Die Quelle im Bambushain« lautet der Titel dieses kleinen Gartens. Simon Herda (www.gartenundraum.de) wollte mit dem reduzierten und pflegeleichten Konzept der Reizüberflutung des Alltags etwas entgegensetzen. Um den Quellstein breiten sich die Pflastersteine aus wie die Ringe auf einem Wasserspiegel.

2 | »Der kontemplative Garten« wurde zum Motto für diese kleine, erhöhte Fläche. Zentraler Blickfang des von Sebastian Jensen (www.sebastianjensen.de) geplanten Schaugartens ist ein Koi-Becken, beschattet von einer Kiefer und gesäumt von aufeinander abgestimmten Pflanzen mit Farbtupfern als Counterparts zu den Fischen.

3 | Torsten Hennings, der auch die privaten Gärten auf dem Gut pflanzt und pflegt, dachte sich diese Gestaltung zum Thema »Hinter der Hecke« aus. Ein lebendig gepflasterter Weg führt durch abwechslungsreiche Pflanzenvielfalt zu einem kleinen Hof mit einer Wasserstelle und einem Sitzplatz, der zum Verweilen einlädt.

CHRISTIANE HELMS, LASBEK

Wo ich immer schon sein wollte

Gartengestaltung nach Gefühl

Die Entstehungsgeschichte dieses Gartens ist so ungewöhnlich wie seine Form: Er geht ein Stück geradeaus und knickt dann im flachen Winkel ab. Statt sich, wie üblich, erst den Bereichen am Haus zu widmen, fing Christiane Helms mit dem Ligusterhalbrund für einen Sitzplatz in der äußeren Knickecke an. Dort saß sie nun, beide Gartenteile im Blick. Einen Plan hatte sie bereits gezeichnet – und warf ihn an diesem Tag wieder über den Haufen. Statt der angedachten Räume für das hintere Areal tauchte in ihrem Kopf eine formale Anlage mit Stauden und Rosen auf, die man durch einen Bogen wie durch eine Tür betritt. Folglich lernte sie, Zement zu mischen und mauerte ein Tor. Genau so geht sie heute noch vor: Sie schaut sich die Sache an, vor allem mit dem inneren Auge, und fühlt: »So soll es werden«, bzw. »So ist es richtig«.

Anders als im Teil hinter dem Torbogen verlief am Haus alles nach dem ursprünglichen Plan. Wenn auch eher spät: Die Jungpflanzen für die Buchsumrahmung wollten erst im Vermehrungsgarten, am hintersten Ende des Grundstücks, herangezogen, und zudem im

Garten hinter dem Torbogen nicht mehr benötigt sein. Wie die Diele eines Hauses komme ihr dieser Bereich vor, von der aus man den eigentlichen Garten betritt, so die Lasbekerin. Mancher wäre stolz, hätte er alleine dieses Stück bewerkstelligt!

Im Garten hinter dem Torbogen legte Christiane Helms nach und nach neun Beete an und füllte sie mit Rosen, Stauden und Gemüse. Veränderte sie auch wieder. Beruhigte deren Charakter durch die Sortierung der Pflanzen nach Farben: ein Beet in Weiß und Hellrosa, eines in Zart- bis Dunkelrosa, eines in Dunkelrot und Magenta. Gewächse in Knallrosa und Pink hat sie inzwischen verschenkt, ebenso alle gelben Rosen. Das Gemüse wich den Stauden, soll aber nun wieder zu Ehren kommen.

Besinnlich geht es im Bereich hinter dem Ligusterhalbrund zu. Gehölze bilden einen fast geschlossenen, runden Raum, den die Gärtnerin durch eine Mauer aus gestapelten Ziegeln und einen Erdwall mit Rosen betont. Eine Feuerstelle gibt es hier, die ihr – rein gefühlsmäßig – wichtig ist, obwohl fast nie ein Feuer brennt. Weiter eine Mulde mit Feldsteinen, »Opferschale« sagen Freunde dazu, sowie eine Ecke mit Steinen und Wasserdost. »Magisch«, findet Christiane Helms diesen Gartenteil, »im positiven Sinne.«

Eines Tages im vergangenen Sommer ging sie abends in ihrem Garten spazieren, setzte sich, bis es dunkel wurde, lauschte und schaute. Plötzlich merkte sie, dass sie dort angekommen war, wo sie schon immer sein wollte. Was nicht bedeutet, dass der Garten fertig ist. »Ich kann auch gar nicht aufhören«, sagt sie, und fühlt sich sehr privilegiert, dass sie, die Luft, Licht und Erde braucht, ihren Garten leben kann. Im Winter fehlt ihr etwas. Doch an dem Tag, wenn die Kinder auf dem Spielplatz lärmen, die Amsel ruft und die Erde nach Frühling riecht, dann »ist alle Kraft wieder da«.

3

1 | Die Pflanzenfreundin bemerkte eines Tages, dass sie immer weniger gern zum Pflegen in die größeren Beete ging. »Die Farben und Blütenformen wurden mir zu viel«, erklärt sie. Also nahm sie aus mehreren Heckenrahmen die Stauden wieder heraus, ließ den Buchs für sich stehen und bedeckte die Erde mit Ziegelscherben.

2 | Das Tor in den hinteren Gartenteil sollte nicht wie ein Rosenbogen wirken, der sich, wachsend und lebendig, in seine grüne Umgebung anpasst, sondern als fest stehender Eingang, wie eine Tür. Die Holsteinerin mauerte es selbst aus Ziegeln.

3 | Wie groß ihr Garten werden sollte, konnte Christiane Helms entscheiden: mit Kälberkoppel, oder ohne. »Ich nehme erst einmal alles«, beschloss sie. »Dann sehen wir weiter.« Und alles, 4 500 Quadratmeter, hat sie dann auch gebraucht.

Vorhergehende Doppelseite:
Großes Bild: Der »Eingangsbereich« am Haus präsentiert ein Wasserbecken, gerahmt von Buchshecken und -kugeln, dahinter zwei L-förmige Beete mit Rosen und Stauden. Rechts im Hintergrund das Ligusterhalbrund. **Kleines Bild:** Rosen sind die Spezialität der Gärtnerin, die sogar jährlich etwa 100 Stück selbst veredelt.

---

5 GARTEN–STECKBRIEF

Adresse und Öffnungszeiten:
Christiane Helms, Steindamm 3A, 23847 Lasbek, Tel. 04534/205394. Termine für den Besuch des Gartens unter www.offenergarten.de.

Größe:
4 500 Quadratmeter.

Charakter:
Seit 1996 gestaltet Christiane Helms Teile des früheren elterlichen Hofs mit Kälberkoppel in einen Garten um. Ein Eingangsbereich mit Wasserbecken, ein Ligusterhalbrund, ein formaler Garten, ein Vermehrungsgarten und ein verwunschenes Stück mit Gehölzen. Rund 400 Rosen.

GARTEN HELMS 29

EBERHARD PÜHL, »MAXWALD PARK«, WESTERSTEDE

Liaison zwischen Yunnan und England

Anglophilie im Ammerland

Lieben Sie England und seine Gärten? Deren Traditionen, die einen spürbar alten Geist atmen, weil sie über Generationen verfolgt, verfeinert und ergänzt wurden? Nicht zu vergessen deren Besitzer, die am derzeitigen Ende ihrer Ahnenkette dem Land, seiner Geschichte und seinen Pflanzen derart verbunden sind, dass sie – in unseren Augen – schon fast spleenig wirken, oft genug gleichwohl so ansteckend, dass man beseelt und voller Inspirationen wieder nach Hause fährt? Dann sollten Sie für Ihre nächsten Reisepläne Westerstede ganz oben auf Ihre Wunschliste setzen.

»Maxwald Park« heißt das Anwesen des derzeitigen Inhabers und »Headgardeners« in Personalunion, Eberhard Pühl. Lauter in der »Szene« bekannte Namen kommen in seiner Geschichte vor. Sie beginnt im Jahr 1824 und geht so: Nahe Westerstede ließ ein Herr Peter C. v. Negelein einen Teil seiner Ländereien aufforsten und nannte sie – anlässlich der Geburt seines Sohnes Maximilian – »Maxwald«. 1876 erwarb Johann Hinrich Böhlje das Gelände, der Gründer einer Baumschule, die heute in fünfter Generation immer noch in Westerstede ansässig ist. Sein Sohn – und der Urgroßvater von Eberhard Pühl, Gerhard Diedrich Böhlje – folgte ihm nach und brachte aus seiner Lehrzeit ein großes Interesse für Rhododendren, Immergrüne und Koniferen mit. 1880 bepflanzte er den »Maxwald« mit Kiefern, und deckte sich ab 1890 beim berühmten englischen Züchterbetrieb »John Waterer & Sons« mit Rhododendron für die Vermehrung und den Verkauf ein. Um 1900 fängt er an, den »Maxwald« im Sinne seiner gestalterischen Vorbilder, William Robinson und Gertrude Jekyll, die es gern so natürlich wie möglich aussehen ließen, in einen »Rhododendronpark«, wie der »Maxwald« gern genannt wird, zu verwandeln.

Pardon! Hier hat Eberhard Pühl etwas richtigzustellen: »Ein Park wird hypersauber gepflegt. Das gehört aus englischer Sicht nicht hierher, eher verschlungene Wege durch einen urigen, wild anmutenden Wald.« Gemäß der Herkunft der Rhododendren strebte man vielmehr an, ein »Yunnan- oder Nepalgefühl« zu erzeugen. »rhododendron woodland«, sei daher – zumindest für diesen Teil des »Maxwald Parks« – die angemessene Bezeichnung. Dessen »Urzelle« ist der versteckt liegende Teich. An seinen Ufern machen nun um die 120 Jahre alte Rhododendren dem Woodlandgedanken alle Ehre. Hier fühlt sich der Urenkel ganz in der anglophilen Tradition seiner Familie: »Queen Mum hatte ein woodland in Schottland, genau wie dieses«, sagt er und ist dabei sichtlich »amused«.

Die jüngste der drei Töchter G. D. Böhljes erbte den »Maxwald« und heiratete einen zu Jeddeloh – noch ein in Baumschulkreisen bekannter Name. Da sie in Jeddeloh lebte, konnte sie sich wenig um den »Maxwald Park« kümmern und übergab ihn daher 1948 in die Obhut ihrer Tochter Anneliese zu Jeddeloh-Jeddeloh, Eberhard Pühls Mutter. Diese ließ im südlichen Bereich des Geländes unter Verwendung von eigenem Eichen- und Douglasienholz ein zweiflügeliges Haus errichten, ein Fachwerkbau mit Reithdach, das Stilelemente der Worpsweder Schule und der englischen arts-and-crafts-Bewegung enthält – wohl das letzte seiner Art, wie der gegenwärtige Hausherr schätzt. Dazu entstand nach dem Plan des namhaften Gartenarchitekten Professor Herbert Keller ein nach Südosten gelegener »Hauspark« im englischen Waldgartenstil, darin ein Stück aus über hundertjährigen Genter Azaleen und weiteren Gehölzen, unterpflanzt mit aus England und Schottland stammenden Waldstauden und versamenden »bluebells«, zu Deutsch: Hasenglöckchen. Besonders eindrucksvoll sind die mächtigen Chinesischen Mammutbäume, die erst 1941 beschrieben und bereits ab 1953 im »Maxwald« gepflanzt wurden.

1982 bringt eine entscheidende Wende für das Anwesen: Eberhard Pühls Mutter gibt den »Maxwald Park« weiter an ihren Sohn. Der promovierte Gartenhistoriker beweist, dass er neben der Theorie auch die Praxis beherrscht. Auf der Nordwestseite des Hauses, in Himmelsrichtung und Stil entgegengesetzt zur eher natürlich-wilden Gestaltung seiner Mutter, beginnt der Feingeist seinen Parkbeitrag mit symmetrisch angelegten, buchsgefassten Beeten, die er mit Alten Rosen, besonderen Lilien und Kräutern, wie Waldmeister, Thymian, Minze und Lavendel, füllt. »Kräutergarten in überlieferter Form« lautet dessen für Nichtgartenhistoriker etwas erklärungsbedürftige Bezeichnung (siehe Bild 3).

Etwa zeitgleich entstand Eberhard Pühls zweites Kabinettstückchen: ein »Taxusgarten« – aus drei Gründen. Erstens gab es auf der Pferdeweide westlich des Hauses kein Pferd mehr. Zweitens war er vom Topiary in Great Dixter hingerissen. Drittens bot der Bestand des »Maxwalds« betagte Eiben. Sie wurden mittels Trecker »gehoben«, in eigenhändig gezogene Gräben gepflanzt und schließlich mit der Heckenschere in Form gebracht. Sechs Meter hoch ist die größte Pflanze inzwischen, und der regelmäßige Schnitt längst nur noch mit Alutrittleitern zu bewältigen.

1 | Königsfarn und über 100 Jahre alte Azaleen (rechts) säumen dem Blick vom »Azaleengarten« zum Haus. Die beiden Geweihbäume *(Gymnocladus)* vor dem Gebäude zeugen von der Beeinflussung der Vorbesitzerin durch ihren Großvater, der als Baumschulist immer besondere Sorten und Raritäten in petto hatte.

2 | Symmetrische Buchskarrees mit Rosen und Kräutern werden in England ummauert. »Das konnte ich mir nicht leisten«, sagt der ammerländer Gärtner und pflanzte statt dessen eine Doppelreihe Holländische Linden, die den Raum wie ein gotischer Kreuzgang umgeben. Die untere »Garnierung« der Gehölze bringt er mit der elektrischen Heckenschere in Form, oben muss er die Rosenschere zücken.

3 | »Kräuter- und Rosengarten« hieß das Stück mit den Buchskarrees – hier eine Winteransicht –, bis Ursula Gräfin zu Dohna fand, es entspräche eher einem aus dem 17. Jahrhundert durch holländische Adelssitze »überlieferten Kräutergarten«. Trotz seiner Sammlung Alter Rosen, wie 'Felicité Parmentier', 'Gloire de Dijon' und 'Stanwell Perpetual', ist der Gartenherr mittlerweile mit der Umbenennung versöhnt. Erstens rechtfertigt der verhältnismäßig kleine Anteil der Rosen die Bezeichnung »Rosengarten« nicht. Und in den früheren Kräutergärten, die im Grunde Heilkräutergärten waren, galten Rosen – wegen des Rosenöls – als Heilpflanzen.

Vorhergehende Doppelseite:
Großes Bild: Im »Hauspark« fühlt man sich an den Naturstandort der Rhododendren in Nepal oder Yunnan versetzt. Die über 100 Jahre alten Gehölze sind, ihrer Betagtheit und der eigenen Verschattung wegen, schon reichlich aufgekahlt. »Das macht das Wilde und Authentische im ›woodland‹ aus«, findet der Ästhet.
Kleines Bild: Im direkten Vergleich dazu steht die dichte Blütenpracht dieser jüngeren, mehr im Licht stehenden Exemplare in reicher Sortenvielfalt. Auch einige Wildarten befinden sich darunter. Die meisten stammen aus Yunnan.

MAXWALD PARK

> **6** GARTEN–STECKBRIEF
>
> **Adresse und Öffnungszeiten:**
> Dr. Eberhard Pühl, »Maxwald Park«, Oldenburger Straße 45, 26641 Westerstede, Tel. 04488/71971. Besuch nach telefonischer Absprache. Termine auf der Homepage: www.maxwaldpark.de.
>
> **Größe:**
> 10 Hektar.
>
> **Charakter:**
> 1880 gepflanzte Kiefern bilden das Dach des historischen »rhododendron woodlands« mit »Azaleengarten«, »Hauspark«, »Kräutergarten im alten Stil«, »Taxusgarten«, »Moosgarten« und »Wildrosenwiese«.

1 | Eberhard Pühl fragte einen Kapuzinermönch des Clemenswerther Klostergartens, wann man die dort stehenden alten Eiben schneidet. Bis zum 15. August, hieß es, damit die Anlage zu Maria Himmelfahrt gut aussieht. Im »ungläubigen mmerland« bräuchte er sich aber nicht an das Datum zu halten, nur an den Monat.

| Eine neue Sichtachsenverlängerung führt hinter dem »Taxusgarten« in Richtung onnenlicht: Die Rhododendronhecke neben der zweistämmigen Robinie öffnete der »Headgardener« dem Auge (und dem Spaziergänger) zur »Wildrosenwiese«. Einstreute Hortensien bereichern den »Taxusgarten« um Blüten- und Herbstaspekte.

| Rauf auf die Leiter, ein bisschen schneiden, runter von der Leiter, das Zwischenergebnis prüfen, wieder rauf auf die Leiter. Der Taxusfan, dem Gartenarbeit »mehr Lust als Last« ist, meistert das gelassen – und mit vielen Teepausen.

| Der »Taxusgarten« zeigt sich im Winter von seiner allerstärksten Seite, ganz besonders, wenn der Schnee ihn ein bisschen »überzuckert«. Doch auch dem Nebel der der Abendsonne kann der Parkbesitzer hier durchaus einen Reiz abgewinnen.

Mehr Sonne für den »Maxwald«

Vor etwa zehn Jahren stand Eberhard Pühl der Sinn nach einem Kontrast zum schattigen, feuchtkühlen »Maxwald«. Er dehnte das Areal im Südwesten um eine etwas höher gelegene, sonnige und trockenere »Parkwiese« aus. Wildrosen wachsen hier nun, darunter riesige *Multiflora* sowie Kartoffelrosen, die er besonders liebt, weil sie so lange blühen, nach »Insel« duften und dicke Hagebutten bilden. Am Ende des Gartenneuzuwachses entstand ein »Exotisches Gefilde« mit Sumpfzypressen, Mammutblatt und Bambus.

Über all den einzelnen Gärten behielt Eberhard Pühl den »Maxwald« stets als Ganzheit buchstäblich im Auge. Die Sichtachsen beziehen sich meist auf das Haus. Folglich ist aus jedem Fenster ein anderer Weitblick zu genießen: nach Nordosten ins »woodland«, die »Kleine Durchsicht« in den Süden und die auf die »Wildrosenwiese« verlängerte Achse durch den »Taxusgarten«. Und ein Genießer ist der Hausherr zweifellos. Aller Arbeit zum Trotz hält er für besondere Stimmungen gern einmal inne, wie Sonne, Raureif oder Schnee im »Taxusgarten«. Weder Niesel und Nebel können ihn verdrießen (»das gehört zum Rhododendronwald dazu.«). Im Gegenteil, verdankt er der Feuchte doch ein weiteres Kleinod: An einer lichten Kreuzung etablierte sich, ganz von selbst, ein »Moosgarten«. Der Hausherr gibt zu, dass er schon mit Schaufel und Schubkarre zur Moosbeseitigung unterwegs war. Ein älterer Herr kam ihm in die Quere, er solle damit aufhören: In Japan sei das Moos heilig. Zudem jäteten japanische Gärtner das im Moos auflaufende Gras mit einer Pinzette. Ein hinzugekommenes Ehepaar bestätigte das und fügte hinzu, aus Ehrfurcht vor dem Moos trügen sie dabei sogar weiße Baumwollhandschuhe. Solche hat sich Eberhard Pühl daraufhin besorgt. War doch klar, oder?

MAXWALD PARK   35

MONIKA UND ERNST WABNITZ, OLDERSUM

Inspiriert vom Potager in Villandry

Vom Gemüse- zum Gourmetgarten

Ein Besuch des Loire-Schlosses Villandry, das bei einer Atlantikreise von Monika und Ernst Wabnitz am »Wegesrand« lag, brachte den Wendepunkt in ihr Gartenleben. Der Inbegriff aller Gourmetgärten, der prunkvolle Potager des Schlosses, verschlug dem Paar zunächst die Sprache. Und brachte es dann auf eigene Ideen.

Zuvor hatten die beiden fünf Jahre lang mit Lust in ihren Gemüse- und Kräuterbeeten gewerkelt. »Ich bin mit dem Nutzgarten meiner Großeltern aufgewachsen«, sagt Monika Wabnitz. »Beim Kauf des Hauses war mir daher ein Garten für frisches Gemüse wichtig.« Der Ökogedanke steht im Vordergrund: Hier gibt es keine Spritze, Schnecken werden abgesammelt und Vögel gefördert. Der Dünger stammt vom eigenen Kompost. Ein Gartentagebuch hilft bei der Einhaltung der Fruchtfolge und der Staffelung der Aussaaten. Was Saison hat, wandert direkt aus dem Beet in die Küche: grüner Spargel und neue Kartoffeln, Buschbohnen und Kohlrabi, Salat und Zuckerschoten, Endivie und Mangold. Kräuter und »ein paar Sommerblumen« ergänzten einst die Palette. Die Eheleute waren zufrieden. Bis zu diesem Tag in Villandry. »Es ist möglich, Schönheit mit Nutzen zu verbinden«, lautete die Erkenntnis. Nach ihrer Rückkehr vom Atlantik gab es also eine Menge zu tun.

Heute verschlägt es eher anderen Menschen die Sprache, wenn sie das Grundstück des Paars besuchen. Das alte Backsteinwohnhaus schmiegt sich in eine Ecke – da bleibt zum Gärtnern richtig viel Platz. Neben dem Haus liegt der »Frühlingsgarten« mit einem alten Boskoopapfelbaum. Er blüht immer noch schön über einer Rasenfläche, Zwiebelgewächsen, Lungenkraut und Storchschnabel und wirft zwei Zentner Ernte ab. Vom Sitzplatz neben der alten Scheune hat man Aussicht auf das halbrunde, von Rasen eingefasste »Beet der Kindheit«, wo Monika Wabnitz alles das sammelt, woran sie sich aus Großvaters Garten erinnert: Akelei, Tränendes Herz, Nelken, Flieder. Ein zweiter Schuppen liegt im Blickfeld, weinüberwuchert und von Hortensien flankiert. Daneben steht eine große Walnuss in einer kreisrunden Rasenfläche. Dieser vordere, von Eiben- und einer Rotbuchenhecke nach hinten begrenzte Teil des Gartens nimmt etwa die Hälfte des Grundstücks ein.

Dahinter regiert die wabnitzsche Version des Nutzgartens. Vier Gemüsebeete liegen rechts und links eines seiner Form nach leicht barocken Rasens. Zwischen Rasen und Grundstückrand steht ein Pavillon mit Blick auf zwei lange, schmale Staudenrabatten, die sich nach Sibirischer Iris und blauem Eisenhut hauptsächlich mit Phlox in Violettweiß und Rosa zeigen. Durch einen Brombeerbogen zwischen den beiden Rabatten gelangt man zu zwei weiteren Gemüsebeeten. Ganz im hintersten Eck des Grundstücks legte Ernst Wabnitz eine Überraschung an: seinen Knotengarten.

Er ersetzt das frühere Buchsparterre neben dem Kräutergarten, nun eine Rasenfläche. Noch eine. Haben Sie mitgezählt? Fünf Rasenstücke sind einmal pro Woche zu mähen! Der Herr dieses Gartens erledigt das, wie Monika Wabnitz versichert, ohne Murren. Auch für den Heckenschnitt ist er zuständig, während sie so gern Unkraut rupft, dass die Nachbarn glauben, hier wüchse grundsätzlich keins. Alles andere, was zu tun ist, teilen sich die Eheleute. Wie früher gärtnern sie mit Lust, aber sicher noch viel zufriedener.

GARTEN–STECKBRIEF

Adresse und Öffnungszeiten:
Monika und Ernst Wabnitz, Oldersum, Zum Rorichumer Tief 15, 2680 Moormerland, Tel. 04924/1668. Besuch nach telefonischer Absprache

Größe:
1 200 Quadratmeter.

Charakter:
Der Garten wurde ab 1983 zunächst als reiner Nutzgarten mit etwas Blumenschmuck angelegt. Seit Ende der Achtziger Umgestaltung zu einem vielseitigen Gemisch aus Nutz- und Ziergartenelementen innerhalb eines geordneten Grundrisses aus gepflasterten Wegen.

1 | »Schweinebalkon« nennen die Eheleute ihren Sitzplatz auf einer Kiesfläche. Wo einst das Borstenvieh aus dem ehemaligen Schweinestall, einem ostfriesischen Schuppen, seinen Auslauf hatte, genießt man heute die Mußestunden.

2 | Die »Verlobungsbank« unter dem Kugelahorn-Pärchen bietet die Aussicht auf den aus fünf einzelnen Beeten bestehenden Kräutergarten. Er ist von der Küche aus flott zu erreichen und liefert die Zutaten für Grüne Soße: Zitronenmelisse, Dill und Sauerampfer, aber auch mediterrane Arten, wie Salbei und Lavendel.

3 | Ein Pflasterwegesystem zieht sich durch den Garten, das einen bei jedem Wetter gut zu begehenden Rahmen für die Beete bildet. Die Oldersumer übernahmen das ebenso praktische wie ansprechende Element aus ihrer ersten Gestaltungsvariante.

Vorhergehende Doppelseite:
Großes Bild: Französisch mit ostfriesischem Akzent: So attraktiv kann ein Nutzgarten auch aussehen! Rechts und links des Pavillons liegen je zwei Gemüsebeete. Weitere befinden sich vor der imposanten Eibenhecke hinter dem Brombeerbogen, der den Weg zwischen zwei Staudenstücken hindurch markiert. **Kleines Bild:** Das dekorativere Gemüse: Rotstieliger Mangold hat sowohl dem Gaumen als auch dem Auge einiges zu bieten.

BIRGIT HARDINGHAUS, NEUENKIRCHEN

Wo das Neue fließend ins Alte übergeht

Von Generation zu Generation

Spätestens seit Karl Foerster wissen wir, dass ein Leben für einen Gärtner gar nicht ausreicht. Wie schön, wenn wenigstens ein Garten von einer Generation zur nächsten übergeht! Da lässt sich manches fortführen und vieles weiterentwickeln. Für Birgit Hardinghaus war das Grundstück rund um den Bauernhof, der seit 1240 in Familienbesitz ist, zunächst ein »Abenteuerspielplatz«, wo sie als Kind durch den »Dschungel« des Hartriegelgesträuchs kroch. Heute profitiert sie vom alten Gehölzbestand, von dem vor allem die Rhododendren und Azaleen bemerkenswert sind.

»Der Herzog von Oldenburg importierte die ersten Rhododendren aus England«, berichtet die Hausherrin. Im Garten des nach wie vor voll bewirtschafteten Bauernhofs überlebte einer davon 100 Jahre lang. Vor 40 Jahren ließ sich ihre Mutter von einem Fachmann zeigen, wie man das Gehölz, ebenso wie Pontische Azaleen, per Samen vermehrt und war darin derart erfolgreich, dass der Nachwuchs sogar für den Verkauf reichte. »Bis das endlich richtige Pflanzen werden, das dauert«, erinnert sich die Tochter. Und bis sie so beeindruckend sind wie heute, erst recht.

Von der Terrasse aus blickt man nun bis zu einigen Teichen in ein leicht abfallendes Wiesental. Beide Seiten sind gesäumt von großzügigen Staudenbeeten, die Birgit Hardinghaus nach farblichen Aspekten kombiniert, zum Beispiel in Grau und Gelb, in Blau oder in Gelb und Rot. Ihre Leidenschaft für die Mehrjährigen entwickelte sich, als die Rosen in den Beeten ihrer Mutter alt wurden und Lücken zu füllen waren. Früher kaufte sie auf ihren Gartenreisen in die Niederlande vieles »auf Verdacht«, lernte aber bald, wählerischer zu sein und mehr auf den Standort zu achten. Und der Gartengröße gerecht zu werden: »Von allen Schattenstauden-Sorten pflanze ich die höchsten, die noch standfest sind, in Etagen«, erläutert die mittlerweile kundige Pflanzenfreundin. Vor einiger Zeit entdeckte sie die Taglilien. Die teilen sich nun mit Gräsern einen Hang, der Jahrzehnte auf seine Bestimmung warten musste. Ob wohl ein Steingarten das Richtige wäre? Das Zögern hat sich gelohnt: Die Taglilien erzielen im weitläufigen Areal die bessere Wirkung und erfordern weniger Pflege als ein Steingarten.

Rosen blieben für die aktuelle Hardinghaus-Gärtnerin weiter ein Thema, selbst wenn es derzeit eher wieder weniger werden. »Mit den Ramblern bin ich beinahe fertig«, kommentiert sie. »Durch die Blüten und bei Regen werden sie so schwer, dass einige ihrer Kletterbäume umgestürzt sind. Wenn man sie zurückschneidet, sind sie beleidigt und brauchen Jahre, bis sie wieder ihre alte Höhe erreicht haben.« Heute entscheidet sie sich eher für weniger starkwüchsige Sorten, die statt sieben Meter langen Trieben nur noch drei Meter lange ausbilden. Zum Beispiel die gelblich-weiß blühende 'Albéric Barbier', die in eine Zierkirsche wachsen soll. Allerdings rät Birgit Hardighaus bei Wind zu einem Respektabstand: »Mit ihren Stacheln hat diese Rose einen schnell am Haken!«

Nach Jahren der üppigen Rhododendron- und Staudenblüte weiß Birgit Hardinghaus auch reduziertere Konzepte zu schätzen. An der Schmalseite des Hauses schwebt ihr ein neuer Garten vor im zurückhaltenden, natürlich-japanischen, jedoch nicht exotischen Stil, mit einer Felswand und einem angenehmen Wassergeräusch. Wie genau das aussehen soll, ist noch nicht klar, doch auch hier beweist sie Geduld: »Wenn ich noch kein gutes Gefühl habe, dann warte ich lieber, bis ich weiß, dass es hundertprozentig stimmt.« Ihr Sohn hilft beim Nachdenken, und es scheint, als ginge der nächste Generationswechsel möglicherweise einmal in die männliche Linie: Er ist Garten- und Landschaftsbauer geworden.

---

8 GARTEN-STECKBRIEF

Adresse und Öffnungszeiten:
Birgit Hardinghaus, Hardinghausen 1, 49434 Neuenkirchen,
Tel. 05493/5259, www.hardinghausen.de.
Ein Besuch ist nach telefonischer Absprache möglich.

Größe:
Etwa 1 Hektar.

Charakter:
Ein seit Generationen angelegter und immer wieder weiterentwickelte Garten um eine Wiesenlichtung im Wald. Großzügige Rabatten, ein alter Rhododendron- und Azaleenbestand, ein Moosgarten und mehrere Teiche. Natur und gestalteter Bereich gehen ineinander über.

---

1 | In diesem Beet zeigt sich, wie imposant eine Rispen-Hortensie werden kann. Es gibt viele Hortensien im Garten, und Birgit Hardinghaus findet die verwelkten Blütenstände im Herbst fast noch schöner, als die frischen.

2 | Wo Mutters alte Astilben und die blauen, den Hardinghaus-Töchtern einst zur Kommunion geschenkten Hortensien bis heute überleben, soll ein ruhiges Stück mit Steinsetzung in japanischer Anmutung entstehen.

Vorhergehende Doppelseite:
Großes Bild: Auf dieser Seite des Rasens blieb ein Wald aus Rhododendren und Azaleen mit Rundweg erhalten. Er führt unter anderem an einem neu gestalteten Moosbeet vorbei. **Kleines Bild:** Vom heute stärker aufgeasteten »Riesenbonsai« (*Rhododendron catawbiense*) stammen die selbst gezogenen Rhododendren des Hardinghaus-Gartens ab.

GESA KLAFFKE-LOBSIEN UND KASPAR KLAFFKE, HANNOVER

Wandel einer Gärtnerei zum Garten

Gewächshauszimmer inbegriffen

Wenn Gärtner in eine Gärtnerei ziehen, füllen sich die langen Beete und Tische bald mit Jungpflanzen zum Verkauf. Dieser Fall liegt völlig anders: Gesa Klaffke-Lobsien und Kaspar Klaffke haben zwar beruflich mit Gärten zu tun, aber eher am Schreibtisch statt in der Pflanzenproduktion. Im Jahr 2000 entschied sich das Ehepaar, in eine Gärtnerei zu ziehen. Natürlich nicht von ungefähr: »Ich bin ein Pöttchenkrauter«, sagt Kaspar Klaffke und meint damit, dass er einst eine Gärtnerlehre abschloss und nun die Pflanzenanzucht für den Eigenbedarf und zum Verschenken »in nostalgischer Form« betreibt. Das ist aber noch lange nicht alles.

Das Arbeitshaus, nun der Wohnbereich, ist mit den Schlaf- und Arbeitszimmern durch ein 90 Quadratmeter großes Gewächshaus verbunden, eine Art Gartensalon mit Sitzplatz, vor allem aber auch mit gärtnerischem Betrieb – für den Eigenbedarf, versteht sich. Es hat eine Einfachverglasung und wird über den Winter mit Noppenfolie eingepackt. Es gibt einen Ofen und einen Heißluftventilator, aber meist retten sich die beiden Gärtner mit ihrer »Weihnachtsbeleuchtung« über die kalten Nächte: Auf dem Weg ins Schlafzimmer zünden sie im Gewächshaus zwanzig Haushaltskerzen an.

Die Struktur der langen Beete neben den Betonwegen blieb als ordnendes Prinzip erhalten. Manche Wege haben Namen, fast wie die Straßen einer Stadt, die man der Reihe nach abspazieren kann. Los geht es mit dem »Akelei- und Polsterstaudenweg« am Gewächshaus. Eine Reihe weiter liegt der »Phloxgarten« in voller Sonne. Noch weiter, am »Fingerhut- und Malvenweg« sowie im »Funkiengarten«, herrscht Halbschatten: Das Gerüst eines alten Gewächshauses dient nun als Pergola für Brombeeren und vornehmlich einmalblühende Rambler, wie 'Ghislaine de Féligonde', 'Gruß an Zabern' sowie die Hagebutten tragenden 'Bobby James' und 'Kiftsgate'. Das soll nicht so bleiben: »Ein bis zwei Sorten dürfen ruhig öfter blühen«, findet Gesa Klaffke-Lobsien. Die letzten zwei Wege mit drei Beeten widmen sich den Farbthemen Rot, Blau und Gelb. Eine gemischte Bambushecke bildet den Abschluss des Gärtnerei-Gartens. Nirgendwo muss man weit laufen, um an Gießwasser zu kommen: In jedes zweite Beet sind Wasserbecken integriert. Fünf verschiedene Sitzplätze erlauben zudem, den Garten aus immer anderen Perspektiven zu genießen.

»Drei Prinzipien halten wir hoch«, zählt Kaspar Klaffke auf. »Zum einen streben wir an, dass der Garten ganzjährig Schönheit zu bieten hat.« Zweitens: »Uns ist eine Balance wichtig zwischen Ordnung und Wildwuchs, zwischen Steuern und Loslassen. Wir haben den Garten im Griff, aber wir lieben Überraschungen.« Zum Beispiel, dass neben Akelei, Fingerhut und Malven seit kurzem die Präriekerze (Gaura) zu den »Wanderern« gehört. Zum Dritten:

1 | Im »Blauen« und »Gelben Beet« setzen die Farben den Schwerpunkt. Weiß und ein paar Ausreißer sind erlaubt, sowie Gelbrot im »Gelben Beet«, aber kein Lilarot.

2 | Weiße und rosa Tulpen schmücken den »Phloxgarten« im Frühjahr. Phlox folgt später, zusammen mit dem roten Türkischen Mohn 'Beauty of Rivermere'.

3 | Kaspar Klaffke im Gewächshaus. Im Frühjahr werden hier Einjährige angezogen, im Sommer Tomaten, Feigen und Wein geerntet. Für den Winter ziehen Kübelpflanzen ein, aber nur solche, die Mindesttemperaturen von fünf Grad C aushalten.

Vorhergehende Doppelseite:
Großes Bild: Vor dem Gewächshaus feiert der »Phloxgarten« mit dem Zierlauch 'Purple Sensation' den Einzug des Sommers. **Kleines Bild:** Das Gerüst eines ehemaligen Gewächshauses dient heute als Rambler- und Brombeerpergola.

»Wir legen Wert auf eine Vielfalt der Pflanzenverwendungen. Daher mischen wir Stauden mit zweijährigen Arten und Sommerblumen ebenso wie mit Nutzpflanzen.« Von letzterem zeugen Apfel, Pflaume, Kirsche und Pfirsich, die im Gärtnerei-Garten Platz gefunden haben. Das reichte dem Paar an Nutzen jedoch nicht aus: Zur anderen Seite des Wohnhauses pachteten sie noch 400 Quadratmeter dazu, für mehr Obst, Gemüse und Vasenblumen.

 GARTEN–STECKBRIEF

Adresse und Öffnungszeiten:
Gesa Klaffke-Lobsien und Professor Kaspar Klaffke, Göttinger Chaussee 246 C, 30459 Hannover, Tel. 0511/4106069.
Der Besuch des Gartens ist nach telefonischer Vereinbarung möglich.

Größe:
800 Quadratmeter.

Charakter:
Eine frühere Erwerbsgärtnerei mit einem Gewächshaus und langen, teils erhöhten Beeten in Nord-Süd-Richtung. Seit 2000 sind drei thematische Bereiche entstanden: der sonnige »Phloxgarten«, ein halbschattiger Bereich unter einer Pergola sowie die drei Farbbeete.

ANGELA UND WOLFRAM KIRCHER, HOHENERXLEBEN

Wie Theorie in der Praxis aussieht

Vom ökologischen Wert des Gartens

Das ist die Gelegenheit! Bei Angela und Wolfram Kircher können Sie den Vordenkern der Beetplaner auf die Finger schauen. Beide sind studierte Gartenbauer; Wolfram Kircher hat eine Professur für Pflanzenverwendung und Staudenkunde an der Fachhochschule Anhalt. Ihr Ansatz geht von der Herkunft, vom ursprünglichen Standort der Pflanzen aus. Dass die Ästhetik ihres Gartens etwas zurückhaltender erscheint, liegt daher buchstäblich in der Natur der Sache. Die oberste Direktive der Kirchers lautet: Der Garten muss pflegearm sein. Um das bisherige Ergebnis vorwegzunehmen: Durchschnittlich drei bis vier Stunden pro Woche sind nötig, die 2 000 Quadratmeter zu pflegen, gelegentlich etwas mehr.

Hausbau und Gartengestaltung liefen von Anfang an parallel. Beim Aushub für den Keller kam der fruchtbare Boden an den Grundstücksrand, damit die zu pflanzenden Sicht- und Windschutzgehölze optimale Wachstumsbedingungen vorfinden. Statt ein schmales Treppchen zum Kellereingang zu bauen, legten Kirchers einen etwa zwölf Quadratmeter großen Vorplatz an, der an heißen Nachmittagen als angenehm kühler Sitzplatz dient. Ein intimer noch dazu, denn die Hausfassade rahmt ihn im Westen, eine zwei Meter hohe Trockenmauer im Süden, eine terrassierte Trockenmauer im Norden und ein Felsensteingarten mit Wasserfall und Treppe im Osten. Letzterer entstand durch Aufschichtung der Muschelkalkplatten, die ebenfalls beim Kelleraushub anfielen.

So ausgeklügelt wie das tiefer gelegte Wohnzimmer liest sich auch die Wunschliste der Kirchers an den Garten. Ein Obst- und Gemüsegarten musste her, »Aufenthaltsräume« zum Essen, Entspannen und zum Spielen für die vier Kinder und den Hund sowie Platz für die »Feldforschung«, und bei all dem spielte die Gestaltung eine ebenso große Rolle wie der Nutzen. Zehn Gartenräume, so zählt Wolfram Kircher, sind auf diese Weise entstanden.

Das Herzstück ist der 100 Quadratmeter große Schwimmteich mit Regenerationszone. Er dient der Erfrischung und zugleich dem Wissenschaftler als Testfeld für Moorpflanzen inklusive Orchideen und fleischfressenden Arten, die sich als ausdauernde und wenig ausfernde Teichrandbewohner eignen – doch obendrein das Temperament der im Wasser tobenden Kinder aushalten. Für diese war zudem die Rasenfläche gedacht, ebenso wie der 50 Quadratmeter große »Spielplatz« mit Sandkasten. Nun, Kinder werden größer. Der Sandkasten ist trotzdem weiter im Gebrauch, allerdings im Winter: Auf der Südterrasse stehen Kübelpflanzen, die die kalte Jahreszeit im Erdkeller verbringen. Seit die Hanfpalme dafür zu groß und zu schwer wurde, legen die Kirchers sie im Dezember auf dem Sand einfach um und bedecken sie mit mehreren Lagen Teppichboden. Im März zieht die Pflanze wieder auf die Terrasse.

Hinter einem Laubengang liegen sage und schreibe acht Gemüsebeete, eine Anzuchtstation und der Kompostplatz, ein Nachbar der doppelreihigen Apfelallee. Zwar wäre der Nutzgarten ohne Angela Kircher nie so groß geraten, doch wer heute begeistert die lohnendsten Arten und Sorten aufzählt, ist der Hausherr: Parakresse, Andenbeere, Basilikum 'Mammut', Zucchini in Kugelform, Afrikanischer Zier-Knoblauch *(Thulbagia)* und die Herbst-Himbeere 'Autumn Bliss', von der ein Streifen von vier bis fünf Metern ausreicht, um täglich eine Tasse Früchte abzuwerfen.

Bleiben noch die restlichen Testgebiete für die Freizeitforschung. Als da wären: eine Blumenwiese auf kalkigem Boden, ein aus Zeitgründen derzeit mehr oder weniger sich selbst überlassenes Rhododendronbeet sowie ein aus durchlöcherten Kanistern und Eimern mit Weißtorf und Torfmoos aufgebautes Sumpfbeet mit Hochmoorvegetation auf einer Regenwasserzisterne. Nicht zu vergessen das Garagendach, wo auf zehn Zentimeter starkem Substrat sogar Bart-Iris gedeiht, sowie das Dach der Hundehütte mit epiphytischen Gewächsen auf Maschendraht. Das alles bei nur drei bis vier Stunden Gartenpflege pro Woche? Unglaublich.

GARTEN–STECKBRIEF

Adresse und Öffnungszeiten:
Angela und Wolfram Kircher, Alte Schenkenbreite 21, 39443 Hohenerxleben, Tel. 03925/304476. Ein Besuch des Gartens ist nach telefonischer Absprache möglich.

Größe:
2 000 Quadratmeter.

Charakter:
Seit 1995 wird der zehn unterschiedlich genutzte Räume vereinende Garten durch eine Vielfalt von pflegearmen Lebensbereichen gestaltet. Mit Schwimmteich, Nutzgarten, Steingarten, Hochmoor, Blumenwiese

1 | Die ausbreitungsfreudige Moor-Orchidee (*Pogonia ophioglossoides*) wächst am Schimmteich – ein wichtiges Betätigungsfeld des Hausherrn. Er teilt das Wasserelement in neun Vegetationsbereiche auf, vom sonnigen Bachrand über Wasserrand und Wasserpflanzenbereich bis hin zu Hoch- und Zwischenmoor.

2 | Unter der Pergola, die den Gemüsegarten vom Schimmteich trennt, wachsen Schatten liebende Prachtstauden, wie Japanische Anemonen, Funkien, Tränendes Herz, Astilben und Silberkerzen. Die Konstruktion aus kesseldruckimprägniertem Fichtenholz würde Wolfram Kircher aus heutiger Sicht eher aus Lärche oder Robinie bauen, weil die Fichten-Imprägnierung nicht ganz umweltfreundlich sein soll.

3 | Wolfram Kircher beobachtet, wie sich der Gemüsegarten verändert: Die Beete wachsen aufgrund der Kompostgaben stetig nach oben. »Im Alter«, witzelt er halb ernst, »haben wir Tischbeete.« Seine Lieblingserdbeeren: die halb gefüllte Sorte 'Semiplena', zierend und trotzdem reich fruchtend, sowie 'Mieze Schindler'.

Vorhergehende Doppelseite:
Großes Bild: Im Nutzgarten legten die Kirchers acht rechteckige, 1,4 mal sieben Meter messende Gemüsebeete an und fassten diese mit der Buchssorte 'Blauer Heinz' ein. Die Pergola, die heute mit kleinfrüchtiger Kiwi und kernlosen Tafeltrauben der Sorte 'Romulus' bewachsen ist, trennt den Nutz- vom Ziergarten ebenso wie eine Apfelallee. **Kleines Bild:** Das Wasserbecken bildet den Mittelpunkt des Nutzgartens. Mit seiner Ummauerung aus Natursteinen soll es einen Brunnen symbolisieren.

GARTEN KIRCHER 51

INO JÄNICHEN-KUCHARSKA, CROSTAU

Ein Garten Eden für die Seele

Sinnliche Idylle in der Oberlausitz

Diese Gartengeschichte beginnt in den Zwanzigerjahren des vergangenen Jahrhunderts. Paul Jänichen kaufte ein zweihundert Jahre altes, strohgedecktes Häuschen im hügeligen Oberlausitzer Land, um es als Jagdhütte zu nutzen. Das dazu gehörende Grundstück liegt auf felsigem Boden und hat einen Höhenunterschied von dreieinhalb Metern auf sechzig Meter. Paul Jänichen legte Terrassen an, ebenso einen Steingarten auf gewachsenem Granit, der seinerzeit eine gewisse Berühmtheit erlangte. Heute ist das Häuschen denkmalgeschützt und gehört seiner Tochter Ingerose, oder Ino, wie sie sich nennt. Ein Paradies auf Erden hatte sie schon seit ihrer Kindheit schaffen wollen. Der Traum ist Wirklichkeit geworden: als Paradies von Ino, das »Paradis-ino«, eben.

Seit 1997 baut Ino Jänichen-Kucharska das alte Haus Stück für Stück um. Den Garten ebenfalls – und was für ein Garten es geworden ist! Ein Universum für sich, und das ist so gewollt. »Ein sinnliches und emotionales Erlebnis soll er sein«, findet Ino Jänichen-Kucharska, für sich selbst, aber auch für andere. Düfte sind ihr so wichtig wie das Raschelspiel des Windes im Laub, Beeren zum Naschen und weite Blicke in die Landschaft ebenso wie verträumte und versteckte Plätze.

Sonne und Schatten wechseln sich ab auf dem schmalen, langen Grundstück und bringen so ein kurzweiliges Lichtspieltheater dar: Vom Frühstück bis zur Blauen Stunde wird ständig ein anderer Sitzplatz von der Sonne auf ihrer Reise in den Westen beschienen. Wie die Bank mit Blick auf den Steingarten, der durch Schattenwurf inzwischen zum Waldsteingarten wurde. Oder die weißen Möbel am Haus mit Sicht auf die hügelige Landschaft. Dann die drei Terrassen. »Der Blick nach innen« – ist das Motto der ersten, wo man unabgelenkt zur eigenen Mitte finden kann. Terrasse Nummer zwei ist der Emotion »Sehnsucht« gewidmet, die Ino Jänichen-Kucharska mit einer Sicht durch ein »Fenster« in der Randbepflanzung in die Landschaft weckt. Ganz für sich ist man auf der von Wind- und Sichtschutz umgebenen, dritten Terrasse.

Neben den Terrassen stehen der malerische Schuppen und die durchaus funktionstüchtige Sommerküche. Dahinter beginnt eine andere Welt, ganz verwunschen mit verschlungenen Pfaden. Einst ein Rhododendronwald, ist es heute ein von einem verträumten Teich beherrschter Schattengarten. Für ihr mehrteiliges »Wasserprogramm«, das am Haus mit einem Tröpfelstein beginnt, hat sich Ino Jänichen-Kucharska hier eine längere Spielart ausgedacht: Vom Dach des Schuppens läuft der Niederschlag hinab und sammelt sich zu einem kleinen Bach, der kurz darauf als Wasserfall über einige Stufen in den Teich hinunter plätschert. Viele Besucher finden es hier am schönsten, so romantisch.

Vom »Feldherrenhügel« am Gartenende fällt der Blick auf den Schwimmteich, auf den »Froschkönigbrunnen« sowie auf den Rosengarten mit historischen Sorten, die auch den längs des Grundstücks neu zugekauften Streifen beherrschen. 60 Arten und Sorten blühen im Sommer um die Wette, doch eine Sammlerin sei sie deshalb nicht, betont Ino Jänichen-Kucharska. Verständlich: Rosen sind ja nur ein kleiner Teil des Paradisinos, dessen gesamte ästhetische und spirituelle Ausprägung ihre Hingabe verlangt.

GARTEN–STECKBRIEF

Adresse und Öffnungszeiten:
Ingerose (Ino) Jänichen-Kucharska, Tannenweg 5, 02681 Crostau, Tel. 03592/32636, www.paradisino.de. Besuch nach telefonischer Absprache

Größe:
1 700 Quadratmeter.

Charakter:
Ein seit 1997 naturnah gestalteter Garten auf einer Hügelkuppe mit etwas Gefälle. 13 Sitzplätze, drei ebene Terrassen, drei »Fenster« für den Blick in die Landschaft, mehrere Wasserspiele, ein Schattental mit Wasserlauf, ein Schwimmteich, viele Alte Rosen; Kunstausstellungen.

1 | An der tiefsten Stelle des Gartens, wo früher ein Apfelbaum stand, liegt heute der Schwimmteich, lang genug »für neun Schwimmzüge«. Er wird von einem zum Ende hin ansteigenden Mäuerchen gefasst, das dort, wo es niedriger ist, auch als Sitzgelegenheit dient, während man sich an der höheren Stelle bequem darüberlegen kann, um »als sinnliches Erlebnis« mit den Händen im Wasser zu spielen.

2 | »Du sollst glücklicher wieder gehen« – das Zitat von Mutter Teresa hat Ino Jänichen-Kucharska für ihren »Paradisino« im Sinn. Die Profi-Gartengestalterin ist zudem ausgebildete Keramikerin und Malerin, dichtet und musiziert aber auch.

3 | »Wohnt hier jemand?«, fragen oft Leute, wenn Sie am Grundstück von Ino Jänichen-Kucharska vorbeikommen. Verständlich, denn der nicht überall einsehbare Garten mit dem Holzhäuschen und dem alten Schuppen auf einer Hügelkuppe wirkt so märchenhaft idyllisch, dass es fast nicht wahr sein kann. Der Umbau des Hauses erfolgte unter der Prämisse, dessen altehrwürdigen Charakter zu erhalten.

Vorhergehende Doppelseite:
Großes Bild: Der alte Schuppen mit angebauter (und funktionierender!) Sommerküche wird malerisch von Kletterrosen umrankt. Die Bepflanzung spiegelt wieder, dass der Paradisino-Garten möglichst natürlich wirken soll. Fuchsien gedeihen hier, wie vieles andere, im Kübel und überwintern im Natursteinkeller. **Kleines Bild:** Die Terrasse mit Aussicht in die umgebende Landschaft dient im Sommer oft als Bühne für Kammermusikkonzerte – mit Ino Jänichen-Kucharska an der Geige oder am Spinett.

ROSWITHA AMSCHLER, UNSLEBEN

Mit der Natur gärtnert es sich leichter

Knifflige Lage am Rande der Rhön

Zimperlich dürfen die Pflanzen im Garten von Roswitha Amschler nun wirklich nicht sein. Am Rande des Naturparks Bayerische Rhön haben sie im Regenschatten der Berge mit Trockenheit auf lehmigem Boden zu kämpfen und müssen zudem immer mal wieder sowohl Kahl- als auch Spätfröste über sich ergehen lassen. Die Herrin über dieses leicht nach Süden abfallende Reich hat sich darauf eingestellt und wählt demzufolge nur Kandidaten, die zum Standort passen. Was nicht besteht, wird durch etwas Robusteres ersetzt. Nach Kampf und Mühsal sieht das Grundstück rund um den Hof im fränkischen Stil deswegen auch keinesfalls aus. Im Gegenteil: Selbstbewusst und lebensfroh geben sich Stauden in abwechslungsreich bepflanzten Beeten, Rambler-Rosen und andere Kletterer erobern Wände und Bögen, Zitrus, Palmen sowie weitere exotische und heimische Gewächse gedeihen in Kübeln. Trockenheitsverträgliche Stauden, darunter graulaubige wie Ziest, Katzenminze, Edelraute, Lavendel und Spornblume, beweisen, dass die standortgerechte Pflanzenauswahl selbst in diesem eigentlich rauen Klima mediterranes Flair nicht ausschließt.

1993, nach ihrem Einzug in das Haus, hatte die Unterfränkin große Lust auf Garten, ein bisschen Erfahrung mit Pflanzen – und kein Konzept. Aber einen Wunsch: Möglichst naturnah sollte das Stück werden, damit es sich in seine Umgebung am Ortsrand in direkter Nachbarschaft von Wiesen an einem Fluss harmonisch einfügt, und damit auch Tiere hier ein Refugium finden. Eine Gartenarchitektin zeichnete einen Plan, der als gut befunden und von der hauptberuflichen Ärztin selbst ausgeführt wurde. Er bestimmt den Grundriss des Gartens im Wesentlichen bis heute. Seine Bepflanzung dagegen, ursprünglich »0815«, hat Roswitha Amschler im Lauf der Zeit mit Interesse und zunehmendem Wissen immer wieder geändert. In Gärtnereien und auf Messen holte sie sich Anregungen und wälzte Bücher zur Gestaltung und Geschichte aus ihrer inzwischen sehr umfassenden Bibliothek. Mittlerweile ist sie längst soweit, dass sie andere selbst beraten kann.

Neugierig geworden? Dann lassen Sie uns aufbrechen zu einer Erkundung des 1300 Quadratmeter großen Grundstücks – und ein bisschen mehr, aber dazu später! Der Rundgang beginnt im Norden, im schattigen Vorgarten. Ein Weg führt parallel zum Haus durch mehrere von Kletterpflanzen berankten Bögen. Rodgersien wachsen hier, Funkien und weiße Hortensien. »Ich mag es geheimnisvoll, mit einer verwunschenen Atmosphäre«, kommentiert Roswitha Amschler. In diesem Sinne bietet der Eingangsbereich tatsächlich einen Vorgeschmack. Sobald man um die Ecke biegt, wird verständlich, was sie meint: Westlich des Hauses taucht man über weiche Pfade ein in einen Waldgarten mit großen Erlen, Traubenkirschen, Farnen und diversen Frühjahrsblühern. Er entstand an dieser Stelle nicht von ungefähr, schließlich verläuft hier ein Bachgraben mit einem natürlichen Wasserlauf. »Naturnah, aber gepflegt«, lautet das Motto der Gestalterin, wovon nicht nur der mit Steinen vervollständigte Bach zeugt. Kinder, die zu Besuch kommen, finden die Stimmung ziemlich abenteuerlich: »ein cooler Dschungel«! Der freilich vom Holzdeck und der daran angrenzenden, teils überdachten Terrasse am Haus eher friedlich anmutet.

Nach Süden grenzt die Terrasse an ein von Staudenrabatten umgebenes Rasenstück mit einem Teich, den man bis vor kurzem allerdings erst auf den zweiten Blick entdeckte, so eingewachsen, wie er war. 2007 wurde er mit Folie und einer neuen, etwas sparsameren Bepflanzung generalüberholt. Offener sollte er werden, so Roswitha Amschler, »damit man den Wasserspiegel sehen kann«. An einem Ende der Wasserstelle, unter einer Korkenzieherweide, räkelt sich eine Frauenstatue, die eine russische Bildhauerin nach dem herrschenden Geist des Ortes schuf.

Gegenüber des Teichs lehnt sich ein Wintergarten bis in den ersten Stock des Hauses. Wer glaubt, dass hier die vielen auf der Terrasse stehenden Kübelpflanzen ihr Winterquartier finden, hat nur teilweise Recht. Ebenerdig gedeihen hier nämlich in Beeten ausgepflanzte Exoten, die Temperaturen von bis zu minus zehn Grad Celsius aushalten, wie Feige, Olive und Granatapfel sowie eine Feijoa *(Acca sellowiana)*, auch Ananas-Guave genannt. Ihnen zu Füßen stehen *Agapanthus* und Gräser. Zur Südseite ranken der weiß blühende, duftende Sternjasmin sowie Katzenkralle *(Uncaria)*, eine südamerikanische Heilpflanze. Im oberen Geschoss pflegt die Hausherrin eine Sammlung von Kakteen.

1 | Ob Bäume oder Gebäude: Alles darf in diesem Garten als Kletterhilfe für jede enge Wipfelstürmer herhalten. Dazu gehören Blauregen, die duftende Berg-Waldrebe und, natürlich, Kletterrosen. Hier das Nebengebäude, worüber die rambler-ähnlich wachsende 'Lykkefund' ihre rahmweißen Blütenvorhänge ausbreitet.

2 | Zwischen Gebäuden und einer Mauer entstand eine Art Innenhof, der den Eindruck eines geschlossenen fränkischen Bauernhofs vermittelt. Im Schatten des Felbaums wird gefrühstückt, gegrillt und umgetopft. Rechts die Funkiensammlung.

3 | »Die Natur schafft die schönsten Gartenbilder, wenn man sie lässt«, sagt Roswitha Amschler beim Anblick des Brandkrauts (vorn), das sich hier von selbst angesiedelt hat. Den Sommerflieder schneidet sie nach der Blüte stark zurück.

Vorhergehende Doppelseite:
Großes Bild: Zurückgemeldet: Der Teich war so zugewachsen, dass die Gärtnerin ihn einer gründlichen Überholung unterzog. Wasserpflanzen setzte sie daraufhin sparsamer ein, damit die Wasserfläche offener bleibt. **Kleines Bild:** Die Natur ist stets bestrebt, jedes Fleckchen freie Erde schnellstmöglich zu besiedeln. Roswitha Amschler kommt ihr mit einer dichten Staudenbepflanzung einfach zuvor – und lässt somit dem Unkraut von vornherein keine Chance.

GARTEN AMSCHLER 59

Zeit für das doppelte Gartenglück

Auf der Südostseite des Hauses liegt die »Gästeterrasse«, eine Art Innenhof, nach Süden hin begrenzt von einem Gewächshaus. Richtig: Dies ist der Ort, an dem die frostempfindlichen Bewohner des Topfgartens die kalten Winter überleben. Südlich davon fängt eine Trockenmauer – eigentlich ein Steingarten – den Hang ab. Erst dahinter trifft man auf das sonst im ländlichen Raum als Hauptdarsteller vorherrschende Gestaltungslement: ein den Bauerngärten nachempfundener Bereich. »Buchsgarten«, nennt Roswitha Amschler die vier formal angeordneten, von niedrigen Hecken gesäumten Beete. Früher zog sie hier ihr Gemüse. Heute sind es eher Kräuter, natürlich wirkende Stauden und Rosen. Was letztere betrifft, haben sich die standortgerechten Sorten längst herauskristallisiert. Robuste Rambler, wie 'Bobby James', 'Super Excelsa' und 'Lykkefund', zeigen sich vom Klima völlig unbeeindruckt, ebenso einige der zwischen 1840 und 1910 entstandenen, sehr winterharten Sorten des ungarischen Züchters Rudolf Geschwind. Den Rahmen des Gartens bilden – dem Gesamtkonzept entsprechend – zum Südwesten hin eine Hecke aus heimischen Sträuchern, darunter Weißdorn, Flieder und Wildrosen, und zum Nordwesten eine Hecke aus Vogelschutzgehölzen.

Damit ist Roswitha Amschlers Gartenwelt allerdings noch nicht zu Ende: Vor einigen Jahren ließ sie es sich nicht entgehen, weitere 600 Quadratmeter auf der gegenüberliegenden Straßenseite mit einer geschützt liegenden Weinpergola zu übernehmen. In drei Parzellen von je zehn mal zwanzig Meter teilte sie ihren Zuwachs

auf. In eine der Parzellen zog das Gemüse aus dem »Buchsgarten« um. Salate, Zucchini und Kürbisse reifen nun in Gesellschaft althergebrachter Blütenpflanzen heran, darunter einjähriger Rittersporn, Ringelblumen und Schlafmohn, Zinnien und Dahlien. Eine nach englischem Vorbild von einer Eibenhecke gerahmte Rabatte enthält die vom Vorgänger des Gartens zurückgelassenen Astern, die sich farblich wunderbar in die durch den niederländischen Gartengestalter inspirierte »Piet-Oudolf-Bepflanzung« mit vielen Gräsern integrieren. Auch in diesem Teil fällt das Gelände etwas ab. Dieses Mal nutzte die Unslebenerin die Gegebenheit für die Anlage eines Senkgartens aus. Monatelang bewegte sie dafür Schubkarre um Schubkarre voller Erde. Es hat sich gelohnt: Ihr neuer Lieblingsplatz präsentiert sich als ein von Eibenhecken abgetrennter Raum mit geschütztem Mikroklima, das ideal ist für die darin wachsenden trockenheitsverträglichen, pflegeleichten Stauden, den winterharten Rosmarin und Bodendeckerrosen.

Die restlichen 400 Quadratmeter des neuen Gartens nimmt eine Obstwiese ein, die vom gleichen Bach durchflossen wird wie der Waldgarten. Sie öffnet im nahtlosen Übergang die Aussicht zur angrenzenden großen Wiesenlandschaft mit ihrem Flusslauf. Zwischen den kleinen Obstbäumen sowie den Himbeeren und Johannisbeeren blühen im Frühjahr Narzissen. Im Sommer mäht Roswitha Amschler akkurate Wege in das heranwachsende Gras und freut sich über den spannenden Anblick einer »gerasterten Wiese«. Die einfachsten Ideen und Lösungen sind eben oft die besten, ebenso, wie es das Gärtnerleben erheblich erleichtert, mit der Natur zu arbeiten, statt gegen sie. Gut, dass die Ärztin dieses Prinzip schnell erkannt hat. Anders wäre ein solch gelungener Doppelgarten parallel zu den anstrengenden Schichtdiensten im Krankenhaus auch gar nicht zu meistern gewesen.

1 | Vor einigen Jahren zog das Gemüse aus dem »Buchsgarten« in der Nähe des Hauses in den jüngsten Gartenteil auf der anderen Straßenseite um. Das leicht abschüssige Gelände erhielt dafür mit Mäuerchen gefasste Beet-Terrassen. Ein zur Umgebung passender, ländlicher Holzzaun trennt die Obstwiese dahinter ab.

2 | Roswitha Amschler unter ihrem Rosenbogen mit dem bis in den Oktober nachblühenden Rambler 'Super Excelsa'. Ihr Garten feiert im Mai/Juni seinen Höhepunkt, ist aber auch im zeitigen Frühjahr attraktiv mit Lenzrosen, Schneeglöckchen und frühen Narzissen, begleitet von Zaubernuss, Winter-Schneeball und Winter-Jasmin.

3 | Kräuter, Stauden und Sommerblumen gehören ebenso zum umfassenden Topfgarten wie allerlei Exoten. Letzteren gönnt die Pflanzenkennerin eine »richtig teure« Zitruserde mit Lavazusatz, um auf längere Sicht gute Wachstumsbedingungen zu gewährleisten. Kurzlebigen Arten mischt sie das Substrat je nach Anspruch zurecht.

12 GARTEN–STECKBRIEF

Adresse und Öffnungszeiten:
Roswitha Amschler, Ringstraße 22, 97618 Unsleben, Tel. 09773/6643. Ein Besuch des Gartens ist nach telefonischer Absprache möglich.

Größe:
1 300 Quadratmeter sowie ein zweiter Teil mit 600 Quadratmetern.

Charakter:
Das Grundgerüst des Gartens am Haus entstand 1993 und zeigt heute eine stabile, naturnahe Bepflanzung. Schattengarten, Bachlauf, Teich, formaler »Buchsgarten« und Kübelpflanzen. Vor einigen Jahren kam ein Teil mit Weinpergola, Senkgarten, Gemüsebeeten und Obstwiese hinzu.

HANS DORN, SCHLÜCHTERN-ELM

Immer mit dem Geist des Ortes

Ein Garten des 20. Jahrhunderts

Die Berufung meldete sich bei Hans Dorn schon im Alter von zwölf Jahren. »Aus dem Höfchen zwischen Wohnhaus und Nebengebäuden der Möbelwerkstatt seines Vaters müsste man doch etwas machen können«, dachte er, und erwarb zwei Bücher über zeitgenössische Gärten. Er blätterte, beriet mit seinen Eltern, maß den Hof aus und gestaltete sein erstes Werk. Der Beruf kam, wie er kommen musste: Nach Ausflügen in Medizin und Musik studierte Hans Dorn nach dem Zweiten Weltkrieg Garten- und Landschaftsarchitektur in Schweden und der Schweiz. Heute ist er eine anerkannte Koryphäe und war langjähriges Komiteemitglied der Unesco für das Weltkulturerbe, wenn es um historische Gärten geht.

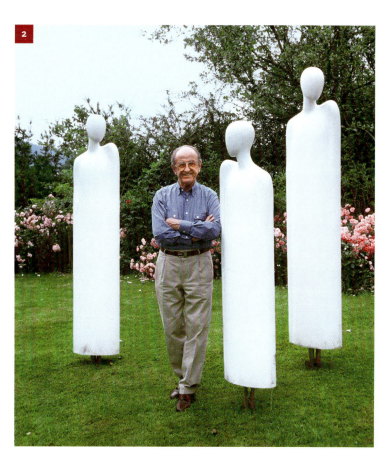

Geht es um sein Grundstück, spiegeln sich darin folglich die Regeln der Gartenhistorie. Das Wohnhaus wurde 1894 bis 1896 von Hans Dorns Großvater errichtet. Also legte der Enkel den Garten

Vorhergehende Doppelseite:
Großes Bild: Das Parterre mit je drei buchsgefassten Quadraten liegt waagerecht im leicht abschüssigen Gelände des »Neuen Gartens« – ein seltsamer Effekt, als hätte Hans Dorn es an einer Achse aufgehängt, damit es sich austarieren kann.
Kleines Bild: Ein halbes Jahr verbrachte diese Skulptur eines niederländischen Künstlers bei einer der wechselnden Kunstausstellungen im Garten Dorn.

1 | Den zweiten Teil des »Neuen Gartens« im englischen Landschaftsstil dominiert der Teich. Im Hintergrund führt die vier Meter breite Freitreppe zu den Gebäuden und dem »Alten Garten«, der im formalen englischen Landhausstil gehalten ist.

2 | Hans Dorn vor der Figurengruppe „Elmer Gespräch". Die ehemaligen Schaufensterpuppen beklebte er mit Splitt und strich sie weiß. Der Name entstand als Erinnerung an die Dorfbewohner, die sich, während der Teich ausgehoben wurde, Gedanken darüber machten, was für ein großes Haus dort wohl gerade entstünde.

3 | Nach den Gesetzen des englischen Landhausstils: Durch das quadratische Buchsparterre verläuft der Zugang zum Haus mit der mittigen Türe. Die Parterres wiederholen die symmetrische Anordnung der Fenster. Deren Sprossen finden zudem ihr Echo in den weißen Treillagen, die links zum Weißen Garten führen.

um das Haus in dieser Zeit entsprechenden englischen Landhausstil an, der von Muthesius richtungsweisend in Deutschland verbreitet wurde. »Rechte Winkel, ebene Flächen, raumbildende Holzpergolen und Gitter, weiße Gartenmöbel und symmetrische Gartenbilder«, fasst Hans Dorn die Merkmale dieses Konzepts zusammen. Das erschließt sich beim Betreten seines Gartens, zu sehen in Bild 3. Links führen Treillagen in den »Weißen Garten«, ein Schattenbereich zwischen Wohn- und Geschäftshaus.

Aus dem Höfchen ist ein Hof geworden, der »Alte Garten«. Gerade Linien und rechte Winkel bestimmen auch weiterhin die Gestaltung. Ein langes, schmales Wasserbecken erinnert an den Brunnen, der einst zum Hof gehörte. Am Rand der rechteckigen, von Beeten gerahmten Rasenfläche bietet ein quadratischer Sitzplatz eine Aussicht auf das anschließende Gelände, das Hans Dorn vor 17 Jahren dazukaufte. Dort entstand der »Neue Garten« – im englischen Landschaftsstil. Über die breite Freitreppe, die, wie ein Fenster, das Alte mit dem Neuen verbindet, wird der Kontrast zwischen beiden Konzepten ersichtlich: Geradlinigkeit hüben, Natürlichkeit drüben. Moderierte Natürlichkeit, versteht sich. Statt ebener Flächen entwarf der Fachmann modellierte Ovale. Eine Ausmuldung im leicht abfallenden Gelände, deren Kanten nach außen ansteigen, betonen die Räumlichkeit. Außerdem gehört hier dazu, die Umgebung mit einzuplanen, sodass der Garten in die Landschaft übergeht, ebenso wie die Landschaft in den Garten.

Den Haupteindruck des »Neuen Gartens« verlagerte Hans Dorn zur rechten Seite der Freitreppe. Der Blick fädelt sich in die Achse eines Buchsparterres ein und wird davon zum Pavillon in die entfernteste Ecke des Grundstücks weitergeleitet. Das Drittel zur linken Seite der Treppe beherrscht der Teich. Um die Rasenfläche liegen Beete mit Stauden und Gehölzen sowie besonders vielen Rosen. »Erstens«, so Hans Dorn, »ist dieser schwere, lehmige Boden für Rosen prädestiniert. Zweitens sind sie die edelsten Gewächse in einem Garten.« Wie beim »Alten Garten« sollte der Geist des Ortes im »Neuen Garten« berücksichtigt werden. Früher weideten hier die Kühe, und als Erinnerung an die landwirtschaftliche Nutzung integrierte Hans Dorn einige der noch vorhandenen, alten Obstbäume in sein Landschaftsgartenkonzept. Die gehen heute freilich so langsam in die Knie, aber das ist eben der Lauf der Dinge, ebenso wie die Schrumpfung des rotgelben Beetes von etwa 100 auf 50 Quadratmeter, infolge des wachsenden Schattenwurfs der Gehölze. Hans Dorn nimmt es gelassen. Wie auch sonst? Er kennt die Regeln – seine und die der Natur.

13 GARTEN–STECKBRIEF

Adresse und Öffnungszeiten:
Dr. Hans Dorn, Gundhelmer Straße 11, 36381 Schlüchtern-Elm, Tel. 069/620409. Besuch nach telefonischer Absprache möglich.

Größe:
4 000 Quadratmeter.

Charakter:
1957/1958 gestaltete Hans Dorn den Garten passend zum 1894–1896 vom Großvater erbauten Haus nach den Regeln des englischen Landhausstils mit einem formalen Buchsparterre. 1992 erweiterte er das Grundstück und gestaltete den neuen Teil im englischen Landschaftsstil mit Gehölz- und Staudenrahmen, Pavillon, Buchsparterre und Teich.

THOMAS SCHÄFER, NIDDATAL

Wie im Cornwall der Pilcher-Romane

Die andere Welt hinter dem Hoftor

»Manchmal komme ich mir im Garten vor wie in einem Film von Rosamunde Pilcher«, sagt Thomas Schäfer. Damit meint er nicht die schwülstige Handlung, sondern die Cornwall-Atmosphäre, und ist es zufrieden. Als der Familienrat 1999 über die Zukunft von Omas Haus und Garten beschied, lebte er in Frankfurt. Ein echter Städter kann der Enkel nicht gewesen sein. Ein Gärtner schon: »Mein Balkon und die Fensterbank waren voll mit Pflanzen.« Er wagte den Umzug aufs Land und hat es nie bereut: »Wenn ich von der Arbeit komme, herrscht auf der Straße Totenstille. Sobald ich das Hoftor aufschließe, fühle ich mich wie in einer anderen Welt. Der Duft, die Geräusche der Insekten – wie im Süden.«

Da ist was dran. Betritt man den Innenhof, fällt der Blick auf einen Weinrebenbogen. Wie durch einen »Arkadengang« spazieren die Augen durch weitere Bögen bis ans hintere Ende des Grundstücks. Aber halt! Schon vorher gibt es viel zu sehen. Unter zwei Kugelakazien stehen nach der Höhe gestaffelte Reihen mit Wald- und Straußfarnen, Funkien und Salomonssiegel. Der Hang zur »Symmetrie« und der »Dekomensch« zeigen sich an der Treppe zur Haustüre: »Ich kaufe immer zwei von allem – zwei Windlichter, zwei Töpfe«, bekennt Thomas Schäfer. So stehen rechts und links der Treppe je ein ovaler Tisch, mit Muscheln und Buchskugeln der eine, mit Engelsputten und Efeu der andere. Fünf weitere Tische werden uns im Garten begegnen, mit Hauswurz und Widderköpfen, Gittergefäßen, Eisenfiguren und Steingussvögeln.

Auf der anderen Seite des Rebenbogens präsentiert sich der Innenhof als Topfgarten. Vier mit Kirschlorbeerkugeln bepflanzte Kästen säumen die Scheunenwand. Terrakottakübel mit Engelstrompeten, Hortensien und Neuseeländer Flachs »mildern« in Gruppen die Kanten der Hausecken. Die hohe Mauer zum Nachbarn verschwindet hinter riesigen Gefäßen mit Bambus. In der Ecke mit dem Sitzplatz steht ein Sichtschutz à la Schäfer: eine weiß gestrichene Holztüre, die den Eindruck vermittelt, hier ginge es noch weiter. Zwei Brunnen plätschern vor sich hin. Fast lässt man sich dazu verleiten, sich gemütlich niederzulassen. Aber da war doch noch was? Genau! Hinter dem Hainbuchenbogen geht es ja erst richtig los, und zwar mit dem Buchsgarten, vier Karrees mit Kugelecken, bepflanzt – natürlich symmetrisch – mit weißer Canna, Pfingstrosen, Sommerblumen und Herbst-Anemonen.

Durch einen Rosenbogen mit 'New Dawn' wandelt man weiter zu einer Brücke über einen länglichen Teich, der noch einen kleineren Nachbarn hat. Hinter der Brücke folgt ein von Buchshecken gefasstes Rondell. Links davon liegt ein von einem geschlossenen Buchsquadrat unterpflanzter Kirschbaum und ein italienischer Putto hinter einem »Buchsmäuerchen«. Zur rechten Seite verheiratete Thomas Schäfer Omas alte Birne mit dem Rambler 'Paul's Himalayan Musk'. »Den Baum werde ich wohl irgendwann ersetzen müssen«, sinniert er. »Vielleicht durch einen Riesenbogen bis zur anderen Seite des Weges – das wäre mein Traum.«

An der Heilbronner Gartenlaube vorbei verläuft der Weg bis zur weißen Säule vor der roten Backsteinmauer des Kinogebäudes. Thomas Schäfer findet diesen Hintergrund prima: »In der Abendsonne hat das etwas Englisches.« Ein Querweg entlang der Kinomauer bildet den Abschluss des Grundstücks. Einen Sinn hat er nicht wirklich, aber er stammt noch von der Oma und soll daher bleiben – ebenso wie die Pfingstrosen und »Kaisertulpen«, die Thomas Schäfer duldet, obwohl sie »schockrot« blühen. Auf ihn wirken sie wie ein Gruß aus dem Himmel. Jeder Weg braucht ein Ende, findet er außerdem, und deshalb sitzt im hinteren, rechten Eck ein verwitterter Engel. Nach links führt der Weg auf eine weiße Tür mit Türklopfer. Dass jemand öffnet, ist unwahrscheinlich. Also kehrt man um, und vom Kino bis zum Innenhof erlebt man den Garten noch einmal ganz neu, eben aus der anderen Perspektive. Der Oma würde es hier gefallen, da ist sich Thomas Schäfer sicher.

GARTEN–STECKBRIEF

Adresse und Öffnungszeiten:
Thomas Schäfer, Florstädter Weg 5, 61194 Niddatal,
Tel. 06034/930282. Ein Besuch des Garten ist im Juni und im August nach telefonischer Vereinbarung möglich.

Größe:
Etwa 1 000 Quadratmeter, davon etwa 150 Quadratmeter Hofgarten.

Charakter:
Ein sich nach hinten etwas verjüngender Garten mit mehreren Zimmern, gestalteten Nischen, vielen Elementen und Stillleben. Sinnliche, ländliche Atmosphäre, hauptsächlich in Grün und Weiß.

1 | An den Teichen steht der ovale Frühstückstisch, und hier ist so eine Stelle, wo Thomas Schäfer sich im Sommer fühlt wie im Cornwall der Rosamunde Pilcher. Beim Bau der Brücke über einen seiner zwei Teiche hatte er eine »Fluss-Illusion« im Sinn, um dem geraden Weg die »Langweiligkeit« zu nehmen.

2 | Von der Heilbronner Gartenlaube aus hat man den Rosenbogen mit 'Colette' im Blick. Akelei und Vergissmeinnicht haben sich auf dem Weg selbstständig gemacht. Begeistert von ihren »wunderbaren Blütenwolken« nimmt Thomas Schäfer ihre Fruchtstände ab und trägt sie herum, damit sie sich »überall« aussamen.

3 | Geht es um seine Pflanzen, ist Thomas Schäfer »nichts zuviel«. Plant er eine »Inspirationsreise« von einer Woche, nimmt er sich vorher ebenso viel Zeit, die Töpfe in den Schatten zu rücken und eine Flaschenbewässerung zu installieren. Vor einem angesagten Unwetter spannte er sogar einmal ein Zelt aus LKW-Planen über den Innenhof, um die Gewächse vor drohendem Hagelschaden zu schützen.

Vorhergehende Doppelseite:
Großes Bild: Wo früher der Schweinemisthaufen war, erstreckt sich heute im Innenhof ein Inselbeet mit grünen Halbschattenpflanzen in das Plattenpflaster. Weiße Blüten zieht Thomas Schäfer dafür vor, aber das klappt nicht immer. In der Scheune lagert sein wechselndes Dekorepertoire, und bei Gartenfesten reaktiviert er dort Omas einstige Marmeladenküche. **Kleines Bild:** Der Blick durch den Hainbuchenbogen am Innenhof deutet an, was einen noch erwartet: Er führt durch zwei Rosenbögen bis zum hinteren Ende des Grundstücks und wird dabei an einem mit Buchs gefassten Rondell von einer Obstkorb-Säule aus den Niederlanden gebremst.

GARTEN SCHÄFER

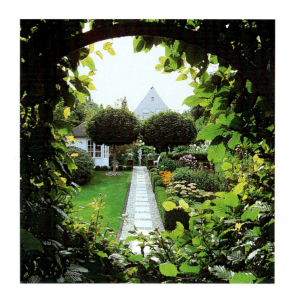

GEORG MÖLLER & ACHIM WEITERSHAGEN, BETZDORF

Hier kommt jeder zu seinem Recht

Zwei Wunschgärten in einem

Georg Möller und Achim Weitershagen gönnen den Passanten etwas: Ihr Vorgarten ist rund 500 Quadratmeter groß, und von der etwas erhöht liegenden Straße über die Böschung hinweg gut zu überblicken. Die Resonanz war entsprechend, und so heißt das Stück nun »Jedermanns Freude«. Ganz selbstlos sind die beiden Gartenherren aber nicht. Tatsächlich stellten sie während der Planungsphase fest, dass sie unterschiedliche Vorstellungen hatten. Achim Weitershagen liebt es eher natürlich-organisch mit üppiger Staudenblüte, Georg Möller dagegen fühlt sich von der Ordnung formaler Linien angezogen. Warum nicht beide Ansätze nebeneinander verwirklichen? »Unser Haus hat auch mehrere Räume«, sagt Georg Möller. »Das sollte im Garten genauso sein.«

Mit »Jedermanns Freude« erfüllte sich der Wunsch von Achim Weitershagen. Es ist ein großzügiges Rasenstück mit mehreren Inselbeeten. Sie lockern den ausgedehnten Raum auf und lassen es zu, dass man von allen Seiten ihr Duftangebot erschnüffeln kann. In die hinterste Ecke kuschelt sich die Gartenbibliothek, die ursprünglich als Geräteschuppen gedacht war. Während seiner Entstehung entdeckte man, wie großzügig von dort der Blick über diesen Gartenteil im Frühsommer ist. Und dass im Herbst, wenn die Stauden hoch gewachsen sind, ein neuer, intimer Raum entsteht. Folglich blieben die Geräte in der Garage, statt ihrer zogen Gartenbücher ein. Daneben legte der Piet-Oudolf-Fan Achim Weitershagen das »Septemberbeet« an, eine Hommage an den Gräserexperten und Gartengestalter, vorwiegend in Rotweinfarben mit Wasserdost, Indianernessel und, natürlich, Gräsern.

Den ruhigen Hintergrund bildet eine dreieinhalb Meter hohe Hainbuchenwand. Wer Georg Möllers »Geheimen Garten« dahinter sehen will (und wer will das nicht?), passiert den Heckentorbogen an der Seite des Hauses. Der Kiesweg spielt eine Doppelrolle als Sichtachse, deren Ende eine Eisenvase markiert. Diese bildet seit Neuestem das Zentrum eines Knotengartens. Den leitenden Effekt der Achse verstärken rechteckige Trittplatten. »Das war uns erst gar nicht bewusst«, sagt Georg Möller. Der Unterbau für den Kies stimmte nicht, und man watete »wie in hohem Schnee«. Für einen besseren Tritt kamen die Platten, und erfreut stellten die Oehndorf-Gärtner die zusätzliche Betonung der Geradlinigkeit fest, die sich auch auf der rechtwinklig dazu liegenden Achse fortführt – derselben, die man vom Vorgarten durch ein Heckenfenster sieht.

Gegenüber des Buchskarrees wölbt sich der »Rhododendronhügel«. Sein Vorgänger war ein alter Nadelbaum, und weil auf dem lehmigen Boden saures Substrat für die geplanten Azaleen und Rhododendren aufzuschütten war, konnten dessen Wurzeln sogar einfach im Boden bleiben. Heute hat der Hügel, vom Haus und der Terrasse aus gesehen, im Frühsommer seinen großen Auftritt und nimmt sich später optisch zurück, wenn es in den Buchsbeeten blüht. Ein schicker Teepavillon veredelt diesen Gartenteil. Von dort bis zur Terrasse erstreckt sich das elegante »Weiße Beet« – eine Erinnerung an Sissinghurst Castle. Es gehört zum seitlich anschließenden Bereich, der eine Etage höher liegt.

Am »Buchstheater« vorbei gelangt man zur »Brunnenlaube«. Der alte Löwenbrunnen stand früher am Sitzplatz, doch an den Pfeifenstrauch gequetscht wirkte er »wie ein Fremdkörper«. Nun steht er auf Marmorsplitt unter einer Holzlaube, die zwar etwas mehr zuranken muss, aber schon jetzt ein reizvolles Licht- und Schattenspiel beschert. Hinter dem Pavillon versteckt sich ein weiterer Neuzugang: die von Hortensien und Rosen umgebene »Ruheinsel« am Taubenhaus, sehr intim, und nur einzusehen von der höheren Terrasse aus. Der schönste Platz im ganzen Garten, darin sind sich Besitzer und Besucher einig. Noch, sollte man meinen – bei einer derartigen Schaffenslust gibt es sicher bald einen neuen Favoriten.

 GARTEN–STECKBRIEF

Adresse und Öffnungszeiten:
Oehndorf-Garten, Oehndorfstraße 19, 57518 Betzdorf; Tel. 02741/4576 www.oehndorf-garten.de. Von Mai bis September nach Absprache oder zur »Offenen Pforte«, Termine siehe Homepage; Eintritt 2 Euro.

Größe:
1300 Quadratmeter.

Charakter:
Ein seit 1999 neu angelegter Garten auf einer alten Obstbaumwiese. Der Vorgarten entstand im informellen, englischen Cottagegartenstil, der zweite Teil basiert auf einem formalen Buchsgartenschema.

1 | Drei Inselbeete zieren den Vorgarten »Jedermanns Freude«. Eins davon ist die »Mixed Border«. Links im Hintergrund das neue, durch Pflanzungen des Niederländers Piet Oudolf inspirierte »Septemberbeet«; daneben die Gartenbibliothek.

2 | Ein Jahr nahmen sich Georg Möller (links) und Achim Weitershagen Zeit, um herauszufinden, was sie sich eigentlich von ihrem Garten wünschen. »Wir wollten spüren, was uns der Ort sagt«, schildert Georg Möller den Entscheidungsprozess. »Wie der Lichteinfall verläuft. Weshalb uns welcher Gartenstil gefällt. Und wir besuchten private Gärten, um Impulse und Ideen zu bekommen.«

3 | Vom alten Obstbaum offenbart sich ein kleiner Teil von Achim Weitershagens Garten mit dem »Rosenrondell«. Entlang der Straße wachsen Spalierlinden noch die weniger ansehnlichen, gegenüberliegenden Hausfassaden zu. Die Idee hierfür kam den Gartenherren auf einer Reise in den Niederlanden beim Anblick solcher Spaliere gleichzeitig: »Wir sahen uns an, und jeder wusste, was der andere dachte.«

Vorhergehende Doppelseite:
Großes Bild: So gefällt es Georg Möller! Rosen, Stauden und Einjährige blühen aufgeräumt im formalen Buchsrahmen. Der weiße Teepavillon stand im Garten seiner Eltern – bis die Oehndorf-Gärtner entschieden, dass er gut in den ihren passt. Kleines Bild: Eine hohe Hainbuchenhecke bildet den Hintergrund des Vorgartens und zugleich die Abgrenzung zum »Geheimen Garten«. Davon kann man durch ein von einem Rosenbogen gerahmtes Heckenfenster schon einmal einen Eindruck erhaschen.

THOMAS VOLLMERT, FINNENTROP-RÖNKHAUSEN

Ein Projekt folgt auf das andere

Verwandlungen im Sauerland

Eigentlich hatte Thomas Vollmert mit seiner Familie einen »ganz normalen« Urlaub in der englischen Grafschaft Kent machen wollen. Doch während der Besichtigung einiger Gärten passierte etwas. Ein Samenkorn der Sorte 'Gartenlust' keimte in seinem Hinterkopf. Ans Gärtnern selbst kam Thomas Vollmert jedoch eher allmählich: Seine Mutter trat ihm mit dem Alter den elterlichen Nutzgarten mit einigen Staudenbeeten Stück für Stück ab.

Das gab ihm die Gelegenheit, in bequemen Raten Erfahrungen zu sammeln: »Ich bin schnell drauf gekommen, dass sich nicht alles für den Boden und das Klima im Sauerland eignet, und dass man sich besser in guten Gärtnereien eindeckt.« Das Gemüse musste weichen. Dafür wurde zunächst der kleine Teich auf etwa zehn Quadratmeter vergrößert und – abgesehen von einer Seerose – naturnah bepflanzt. Ein Holzdeck »zum Goldfische gucken und Beine ins Wasser baumeln lassen« kam dazu. In seiner Nachbarschaft entstand das buchsgefasste »Rosenquadrat«.

Mit den Erfahrungen wuchsen die Ambitionen: Auf der leichten Hangneigung hob Thomas Vollmert 50 Zentimeter Erde aus, um sie am unteren Ende aufzuschütten – der »Senkgarten« entwickelte sich. Steine aus einem in der Nähe liegenden alten Steinbruch klopfte der Gärtner zurecht, um sie als Trockenmauer zur Absicherung der Kanten aufzuschichten. Ein halbes Oval aus einer nach hinten ansteigenden Eibenhecke gibt dem kleinen Sitzplatz auf einer Kiesfläche Rückendeckung und sorgt für Privatsphäre sowie ein – relativ – geschütztes Mikroklima.

Das große Beet an der Grenze zum Nachbarn bot die Möglichkeit, weiter mit Stauden zu experimentieren. Die pastellige Variante bietet nun ein Schauspiel mit Zierlauch-Kugeln, Storchschnabel-Schalen, Riesen-Ehrenpreis-Kerzen, Meerkohl-Wolken und den lila Flocken der Hohen Verbene. Letztere ist ein Favorit des Sauerland-Gärtners. Für die nicht ganz frostharte Pflanze entwickelte er eine Doppelstrategie: Eine Hälfte bleibt auf gut Glück über den Winter draußen, die andere kommt zur Sicherheit ins Gewächshaus, wo er zudem alljährlich verschiedene Pflanzen aus Samen zieht.

Auf einem Gartenseminar bei der Staudengärtnerin Anja Maubach in Wuppertal gefiel ihm ihr »Septemberbeet« so gut, dass er neben der großen Staudenrabatte eine eigene Version davon anlegte. Mittlerweile hat der Garten das eine oder andere Wörtchen mitzureden: Der Gehölzschatten wuchs, und deshalb zog das »Septemberbeet« vor einer Weile um an einen sonnigeren Platz am Teich. Eingefasst von einer halbrunden Natursteinmauer feiert es den Sommerausklang mit Rotem Sonnenhut, Fetthenne, Astern, Herbst-Anemonen und, natürlich, Gräsern. An seiner Stelle

gedeihen in der Gartenecke nun die entsprechenden Schattenstauden. An das Grundstücksende pflanzte Thomas Vollmert für jede Jahreszeit etwas: Rhododendren, eine Hänge-Zierkirsche, einen Zierapfel, weiß blühende Spiersträucher, Rispen-Hortensien und die Hortensie 'Annabelle'. Die Hecke auf der Grenze ist nur halbhoch. So haben die Vollmerts von der erhöhten Terrasse aus nicht nur einen Blick über den Garten, sondern eine sechs, sieben Kilometer lange Fernsicht in die umliegende Berglandschaft.

Nur mit dem Vorgarten, bevölkert von einer kleinen Hänge-Blutbuche, Rhododendren, Astilben und einer Hainbuchen-Formschnitthecke, ist der Hausherr noch nicht so recht zufrieden, trotz der etwa 40 Jahre alten und entsprechend imposanten Magnolie. Eigentlich wollte er ihn – als Gegenpol zu seinen sonst eher üppig-englischen Gewohnheiten – etwas schlichter gestalten, mit Steinen und Moos. Dann kaufte er sich das neue Buch über Knotengärten von Kristin Lammerting. Seitdem ist er hin- und hergerissen. Man darf gespannt sein, wofür er sich entscheidet!

1 | Vorbildliche Resteverwertung: Kaputte Tontöpfe sind Thomas Vollmert als idealer Standort für seine allmählich gewachsene Dachwurz-Sammlung gerade recht. Die Pflanzenzwerge danken es mit reichlich »preiswertem« Nachwuchs.

2 | Aus dem Kartoffelbeet wurde das »Rosenquadrat« mit Buchseinfassung und ugeligen Ecken. 'Leonardo da Vinci' und 'Schneewittchen' haben ein Fußvolk aus tersporn, der den Zierlauch ablöst. Im Hintergrund das Holzdeck mit dem Teich.

3 | Von erhöhter Warte hatte Gary Rogers einen Fotoblick auf die Gestaltungsprojekte. Links der beiden »gekrönten« Formschnittkugeln liegt der von einer cke gefasste »Senkgarten«. Ein altes Stallfenster wächst dort ein; ein, zwei Jahre, schätzt Thomas Vollmert, wird das noch dauern. Die aus Stecklingen gezogenen Ligusterquader im Staudenbeet zum Nachbarn sind mittlerweile sieben Jahre alt.

Vorhergehende Doppelseite:
Großes Bild: Inspiriert durch gemähte Muster in einem großen Garten übertrug homas Vollmert diese »Land-Art«-Idee auf seine kleine Gräserfläche. Übrig blieb einen Sommer das »Rasenherz«, neben dem von einer Trockenmauer gefassten »Septemberbeet«. **Kleines Bild:** Wer würde hinter dieser Idylle die Kompostecke muten? Durch Sträucher versteckt, verdauen Kleinorganismen die Gartenreste, ährend man selbst ausruhen und alles von einer anderen Seite betrachten kann.

 GARTEN—STECKBRIEF

Adresse und Öffnungszeiten:
Thomas Vollmert, Am Eisenberg 29, 57413 Finnentrop-Rönkhausen, Tel. 02395/799. Ein Besuch ist nach telefonischer Absprache möglich oder zur Offenen Gartenpforte. Termine dazu gibt es auf der Homepage: www.ein-garten-im-sauerland.de.

Größe:
580 Quadratmeter.

Charakter:
Ein 1994 begonnener, nach und nach gestalteter Garten mit vielen Elementen. In der Grundstruktur aus Formschnitt liegen Staudenbeete zu verschiedenen Themen: »Senkgarten«, Teich mit Holzdeck, Baumhaus, »Kiesgarten«, »Thymianpfad« und ein kleiner Küchengarten.

GARTEN VOLLMERT

WALTRAUD WEHNES, MONHEIM

Beim Planen um die Ecke gedacht

Eins führt immer zum anderen

Hätte Waltraud Wehnes nicht 25 Jahre in einem Immobilienbüro gearbeitet, wäre sie wahrscheinlich nie auf die Idee gekommen, die Doppelhaushälfte mit Garten in einer Werkssiedlung in Monheim zu erwerben. Daraufhin stand ihre bisherige Eigentumswohnung zum Verkauf, und wäre diese nicht an eine Staudengärtnerin gegangen, sähe der Garten heute sicherlich ganz anders aus. »Alles hat seine Geschichte«, betont Waltraud Wehnes und rollt die gestalterische Entstehung ihres Grundstücks gern als eine Verkettung von – vorwiegend erfreulichen – Umständen auf.

Werfen wir also einen Blick auf den Anfang. 1984, beim Kauf des Hauses, gab es einen Zaun, eine Schaukel, eine Wäschestange, einen gepflasterten Weg und einen eckigen Rasen. Die Käuferin von Waltraud Wehnes' Wohnung kam mit einem jungen Gärtner vorbei, und die beiden urteilten: »Langweilig. Da müssen wir etwas machen!« – »Einverstanden«, dachte sich die Hausherrin, und ein Jahr später hatte sie sich schon richtig mit in das Projekt hineingekniet. Gerne saß sie mit ihrem Kater am großen Erkerfenster und blickte in ihren Garten. »Da fiel mir immer etwas ein«, erinnert sie sich. Die Wäschestange wurde abgesägt und das Pflaster entfernt. Dabei erfuhr sie tatkräftige Hilfe von der Familie Ballarin, die in der anderen Hälfte des Hauses wohnt und deren Garten demzufolge direkt an den ihren stößt. Hört, hört: Es gibt also tatsächlich Nachbarn in unserem Land, die sich grün sind! Sehr grün sogar, bis zum heutigen Tag, und auch das wirkte sich entscheidend auf die Gestaltung aus. Als der Gärtner eines Tages wieder einmal auf der Wehnes-Seite des Grundstücks zu tun hatte, wünschten sich die Ballarins von ihm einen Teich. Dem (Öko-)-Zeitgeist entsprechend dachte der Gärtner da gleich an etwas Naturnahes – er fand die für schöne Winterkonturen im Wehnes-Garten gegen seinen Willen gepflanzten Buchseinfassungen »kastriert« – und gab zur Antwort, er richte nur große Teiche ein. »Bei zehn mal 40 Meter Fläche?« fragten die Ballarins. Da stünde ja gleich mindestens der halbe Garten unter Wasser! Waltraud Wehnes hatte die platzerweiternde Idee: »Ich mache mit!«

Die Lösung könnte besser nicht sein – Nachahmung empfohlen, wenn nur irgend möglich: Im vorderen Teil, vom Gebäude aus gesehen, trennt kein Zaun und keine Sichtschutzwand die nachbarlichen Gärten voneinander, sondern eine halbhohe Eibenhecke. Einige Gehölze bringen zusätzlich etwas Privatsphäre. Im Terrassengarten am Haus, der gleich mehrere Sitzplätze beherbergt, ist

1 Geteilter Teich ist doppeltes Glück: Der rechte Teil des Hauses und das dazu gehörende Grundstück ist das Reich von Waltraud Wehnes. Links residiert die Familie Ballarin. Der Teich kommt um die Ecke und verbindet die Gärten miteinander. Von hier aus steht somit beiden Parteien ein großzügigerer Garten-Blick offen.

2 Die »Feng-Shui-Bank« am Ende des Teichs trägt ihren Namen zu Recht. Zum einen erlebt man das Wasser aus nächster Nähe. Zum anderen trifft man sich ganz zwanglos zum Plausch mit dem Nachbarn. Beides erhöht sicher das Wohlbefinden.

Vorhergehende Doppelseite:
Großes Bild: Für Waltraud Wehnes ist es wichtig, dass Haus und Garten eine Einheit bilden. Sie ließ einen Erker anbauen, der durch seine großen Fenster einen Blick auf das Rosenbeet und auf das Buchsparterre als »Gartenzimmer« für weniger gutes Wetter anbietet. So verbindet sich das Gebäude besser mit dem Wohnbereich im Freien. **Kleines Bild:** Die Beetabteilungen des zentralen Buchsparterres im Hauptgarten bepflanzte die Gartenherrin zunächst mit verschiedenen Kräuterarten.

Waltraud Wehnes ganz für sich, und das trifft weitgehend genauso für den Hauptteil ihres Gartens zu, ein von gemischten Beeten gerahmter Rasen mit einem Rosenbeet und einem Buchsparterre. Das hintere Ende dieses Raums wird gefasst von einer Rabatte mit Stauden und Gehölzen, ein Abschluss des ganz persönlichen und privaten Teils. Dort, wo die Eibenhecke zwischen den beiden Grundstücken zu Ende ist, führt ein mit Rosen, Clematis und Blauregen bewachsener Bogen in eine sehr andere Welt. Hier kommt der Teich der Ballarins um die Ecke auf das Wehnes-Grundstück. Geschickt, schließlich haben jetzt gleich beide Parteien etwas davon. Am hinteren Teichende steht die »Feng-Shui-Bank«. Dort trifft man sich. Oder winkt sich auch nur einen Gruß zu, je nachdem, wie einem gerade der Sinn steht.

Heute, an einem Sommertag im Juni, wird drüben gerade der Grill angefeuert, während man hüben über die ganz neue, großzügige Perspektive staunt. Schließlich verdoppelt sich der Blick zurück sozusagen, denn von hier aus ist es möglich, in den Nachbargarten mit seinen großen Buchskugeln zu blicken. Aber bald schon zieht die Magie des Wassers die Aufmerksamkeit auf sich, der wohl niemand entgehen kann. Seerosen dösen in der Sonne, lila Funkien mischen sich zwischen gelbe Taglilien und die wintergrüne Iris mutet an wie eine seltsame Orchidee. Das Kaukasus-Vergissmeinnicht, im Frühjahr »ein Traum« in Blau, schmückt jetzt mit seinen herzförmigen Blättern. Neben der Bank blüht Schildblatt und gegenüber protzt das Mammutblatt. Dieser Exot gedeiht hier prächtig, denn er wird für den Winter immer dick mit Humus und Laub sowie mit Gartenvlies eingepackt.

Der Mut, sich ein Gestaltungselement mit den Nachbarn zu teilen, zahlt sich aus. Der Teich ist zwar, wie Waltraud Wehnes betont, »nicht ganz ohne Arbeit«, doch zu einem wichtigen, die Atmosphäre des Grundstücks mitbestimmenden Teil geworden. Von der Freude daran kündigt bereits der Vorgarten, wo kleine Froschfiguren auf den Buchskugeln thronen. Ihre Verwandten findet man hier und da auch im Hauptgarten, und natürlich am Teich selbst.

Doch gehen wir zurück in Waltraud Wehnes' Hauptgarten, der wahrlich gleichermaßen sehenswerte Schätze präsentiert. Am auffälligsten ist selbstredend sein zentrales Element, das Buchsparterre. Es entstand – wen wundert's – ebenfalls aus einer Aneinanderreihung von Begebenheiten. Unter Waltraud Wehnes' Rasen liegt der Abwasserverteiler, dessen Betondeckel mitten in der grünen Fläche ihr ein Dorn im Auge war. Erst stellte sie eine Blumenschale darauf. Irgendwann war sie die ständige Zirkelei mit dem Rasenmäher so leid, dass sie sich ein symmetrisches Buchsgärtchen für diese Stelle ausdachte. Im Mittelpunkt, auf dem Betondeckel, fand eine Säule als Blickfang ihren Platz. Das Parterre, ebenso wie sämtliche Hecken und Kugeln aus Buchs, schneidet die Gartenherrin von Hand mit einer hochwertigen Heckenschere. Für alles weitere, was zum Schneiden anfällt, verwendet sie dagegen eine gute Küchenschere.

Ganz ähnlich, wie über das Buchsparterre, hört sich der Bericht der langjährigen Besitzerin über ihr Gartenhäuschen in der hinteren Grundstücksecke an. Eine Walnuss nahe der Terrasse am Haus musste weichen, weil sie langsam anfing, das Fundament zu unterwandern. Kaum war sie weg, hatte die Gartenherrin von ihrem Erkerfenster aus einen direkten Blick auf das »hässliche« Gartenhäuschen. Früher versteckte es sich hinter einem Bambushain, der sich viel Platz genommen und »so schön geraschelt« hatte. Leider fiel er, wie viele andere, der Bambusblüte zum Opfer. Das Gartenhäuschen jedenfalls erhielt einen dunkelblauen Anstrich und einen kleidsamen Efeu. Beides lässt es derart mit dem Hintergrund verschmelzen, dass es nun kaum noch auffällt und ganz bestimmt nicht hässlich erscheint.

GARTEN WEHNES 81

Von Wandel und Beständigkeit

Die Pflanzenauswahl im Garten von Waltraud Wehnes ist wieder eine Entwicklungsgeschichte für sich. »Anfangs wollte ich einen weißen Garten«, erinnert sie sich, »aber das wollten die Stauden nicht, denn der Boden ist sehr schwer und lehmig.« Auf diese Erfahrung hin studierte die Pflanzenfreundin eingehend die Standortansprüche sowie das »Sozialverhalten« der verschiedenen Gewächse. Mit dem Resultat, dass ihr die Farben heute gar nicht mehr so wichtig sind. Hauptsache, die Stauden und Gehölze bleiben auf Dauer gesund und schön! Dabei erweist sich die Buschmalve unter diesen Bodenbedingungen als erstaunlich wüchsig und robust, ebenso wie die dankbare 'Bonica'-Rose. Die Astilben dagegen haben den Hang, sich zu »verkrümeln«. Leider, denn vor allem an den Arendsii-Hybriden findet die Gärtnerin Gefallen. Immergrüne, neben Buchs vor allem Eibe, Rhododendron und Kirschlorbeer, spielen eine wichtige Rolle für den Winter.

Der schwächelt in diesem Monheimer Garten allerdings schon sehr zeitig im Jahr: Direkt neben der Terrasse gedeihen zwei Strauch-Päonien, deren Knospen bereits im Februar verheißungsvoll schwellen, um sich bald darauf zu öffnen. Rund 30 Riesenblüten (»groß wie Salatköpfe!«) in Rosa und Rot waren es in diesem Jahr. »Ein kurzes Fest«, sagt Waltraud Wehnes, aber offensichtlich ein rauschendes, denn sie fügt hinzu: »Es ist für mich immer ein Anlass, jemanden zur Feier der Blüte einzuladen.« Auf die Tulpen im Buchsparterre folgt ein Höhepunkt nach dem anderen: die vier Rhododendren, der Zierapfel und der Hartriegel (»wie ein Brautschleier!«), der Zierlauch und das Rosenbeet, der Riesenmädesüß und die Hortensien. Im Herbst kleiden sich einige der Gehölze in buntes Laub. »Der Garten ist immer lebendig«, stellt die Monheimerin fest. »Und jedes Jahr ist anders!«

Geschickt lenkt die inzwischen kundige Gärtnerin das Geschehen: Sie stutzt die gelbe Sonnenbraut im Mai, damit sich die Blütezeit etwas nach hinten verschiebt und noch im Herbst für leuchtende Farbtupfer sorgt. Anfang Mai schneidet sie zudem den Rosa Storchschnabel *(Geranium endressii)* zurück. Das hält die Pflanzen kompakter. »Jahrelang habe ich den Garten aufgebaut«, sagt sie. »Jetzt brauche ich ihn nur noch zu pflegen und zu erhalten.« Was nicht heißen soll, dass sie des Themas müde geworden ist. Zwar holte sie sich ihre ersten Anregungen bereits vor 25, 30 Jahren aus den Gärten Großbritanniens (und von dort stammt sicher ihr ursprünglicher Wunsch nach einer Bepflanzung in Weiß). Heute fährt sie dafür auch in die Niederlande und äußert sich begeistert über die schönen Vorgärten, die man dort überall zu sehen bekommt. Und immer noch findet Waltraud Wehnes, nach all den Gartenjahren, und obwohl ihr die Gehölze eigentlich schon fast zu viel werden: »Ein Tag in der Baumschule ist wie ein Tag Urlaub!«

1 | In die Jahre gekommen: Die Konturen des Buchsparterres haben sich mittlerweile richtig breit gemacht. Die Kräuter wichen kleinen Buchskugeln in den mit Rindenmulch bedeckten Beeten. Auch die Terrakottasäule auf dem Betondeckel tauschte Waltraud Wehnes gegen ein niedrigeres Exemplar mit Pflanzgefäß.

2 | Staudenbeete mit eingestreuten Gehölzen bilden den üppigen Hintergrund des Hauptgartens. Die Einfassung mit Buchs und andere immergrüne Formschnittpflanzen zeigen sich im Winter von ihrer dekorativen Seite. Am Durchgang zum Teichgarten setzen gerade Rosen und Clematis die Blüte des Blauregens fort. Das Gartenhäuschen der Nachbarn fügt sich optisch prima in die Szenerie ein.

3 | Hortensien, Hartriegel & Co. wachsen ihrer Besitzerin eigentlich etwas zu schnell und werfen demnach zunehmend mehr Schatten. »Die Stauden haben es schwer«, kommentiert sie, zieht daraus aber die passenden Konsequenzen, indem mehr schattenverträgliche Arten, wie die Funkien, Einzug in die Beete halten. Dem Westhighland-Terrier des Hauses (und Gartens) scheint der Anblick zu gefallen.

 GARTEN–STECKBRIEF

Adresse und Öffnungszeiten:
Waltraud Wehnes, Krischer Straße 73, 40789 Monheim (Rhein), Tel. 02173/54367. Ein Besuch ist nach telefonischer Absprache möglich.

Größe:
400 Quadratmeter.

Charakter:
Der zu einer Doppelhaushälfte gehörende Garten wird seit 1984 gestaltet. Er gliedert sich in einen Terrassenteil mit mehreren Sitzplätzen, einen Hauptgarten mit Buchsparterre, Rosen und gemischten Rabatten sowie in einen Teichgarten, der mit den Nachbarn geteilt wird.

KRISTIN LAMMERTING, KÖLN

Wenn Details sich zum Ganzen fügen

Ein englischer Garten in Köln

Die alten Fotos von Kristin Lammertings Garten wirken wie ein Schock: Ein kreisrunder Brunnen am Fuß der Terrassentreppe, ein Pavillon, ein von einer imposanten Atlas-Zeder verdecktes kleines Gebäude, einige Gehölze und, wie die Gartenherrin sagt, »eine langweilige Rasenfläche«. Unglaublich, was in vergleichsweise kurzer Zeit daraus geworden ist!

Die erste entscheidende Idee und Grundlage für die gesamte Gestaltung kam Kristin Lammerting eines Nachts bei Mondschein. Sie blickte von ihrer Terrasse in den Garten und träumte sich eine Allee aus zwei symmetrisch gepflanzten Baumreihen, die zum hinteren Grundstücksende verlaufen und dem Garten optische Tiefe verleihen sollte. Sie ging systematisch vor und setzte sich zunächst umfassend mit der Geschichte englischer Gärten auseinander. Formal, mit geometrischen, durch Hecken und Mauern voneinander getrennten Einzelräumen, die jedoch in Bezug zueinander und zum Haus stehen, alles mit üppiger Bepflanzung – diesen Charakter sollte der eigene Garten auch bekommen. Und so gibt es seit April 1995 in Köln einen englischen Garten.

Der von hohen Hainbuchenhecken umgebene »Empfangssaal« vor der Terrasse hat inzwischen schon eine gewisse Berühmtheit erlangt. Er präsentiert den »Knotengarten«. Buchs und Berberitze

verschlingen sich scheinbar über- und untereinander in keltischen Ornamenten, die, so Kristin Lammerting, für »endless love« stehen, für die ewige Liebe. Sie veröffentlichte über die Kunst der Knotengärten gerade ein Buch, und es scheint, als löse sie damit eine Renaissance dieses dekorativen Gartenornaments aus.

Zwischen den Knotengartenbeeten beginnt die lange Sichtachsenallee. Am Ende der Vista lockt eine Sandsteinstatue des Heiligen Antonius. Doch wohl die wenigsten Besucher werden sie direkt ansteuern. Zu neugierig machen die Ein- und Durchgänge, die rechts und links des Weges einen Blick in die verschiedenen Gartenräume erlauben. Das ist so gewollt: Die Sichtachse ist ein Versprechen auf viele spannende Eindrücke. Also beginnt Kristin Lammerting ihre Führungen im »Terracottagarten« seitlich des Hauses und steigt anschließend hinab in den »Duftgarten«, der wiederum an den mit ihm verwandten »Kräutergarten« grenzt.

Der letzte große Raum auf dieser Grundstückseite ist der »Weiße Garten«. Von dort quert man die Hauptachse zum »Bauern-« oder »Cottagegarten« mit Blumen und Gemüse in Mischkultur sowie einem Gewächshaus im viktorianischen Stil. Seitlich des Rosengartens erfüllte sich Kristin Lammerting den Wunsch nach ein wenig Wildnis in der formalen Anlage mit einer Teichlandschaft. Der alte Gartenpavillon ist zu neuen Ehren gekommen: Das reetgedeckte Gebäude heißt nun, passend zum Gesamtkonzept, »Gazebo« und schmückt sich im Juni mit den Blütengirlanden des Ramblers 'Paul's Himalayan Musk'. Davor glüht der »Sonnengarten«, der, rund um eine Sonnenuhr, mit einer Dahliensammlung im Hochsommer seinen Höhepunkt feiert. Ein Mondtor führt in den stillen Mondgarten mit einer Venusstatue. Von hier leitet ein Buchenlaubengang, ein »grüner Tunnel«, zum Ausgang des Grundstücks, vorbei am »Gelben Garten«, eigentlich ein größeres Hochbeet. Unter einer *Catalpa* blüht es hier von Zaubernuss über Krokusse, Narzissen und Tulpen weiter mit Strauch-Pfingstrosen und Engelstrompeten – ein heiterer Abschiedsgruß aus dem englischen Garten in Köln!

Durch die Planung und Betreuung ihres Gartens ist Kristin Lammerting mittlerweise eine richtige Expertin geworden. Dogge Tessa ist es zufrieden: Sie hat am aus eine beeindruckende »Hunde-Villa« im Stil eines Palladios bekommen.

Im »Rosengarten« stehen fast ausschließlich Alte und Englische Sorten auf eten, die wie die Blütenblätter einer Rose um eine Mitte angeordnet sind. Im entrum schwebt ein chinesisches Schwalbenpferd über rosa Blütenwolken.

Der »Weiße Garten« ist natürlich eine Hommage an sein Vorbild in Sissingurst, und wie dort bildet eine vom stark duftenden Rambler *Rosa mulliganii* (auch *Rosa longicuspis* bekannt) eroberte Laube den Mittelpunkt.

rhergehende Doppelseite:
oßes Bild: Der »Knotengarten« bestand zuerst aus Buchs und Heiligenkraut. tzteres winterte jedoch gleich zweimal hintereinander aus. Nun »windet« sich e purpurlaubige Berberitze um den grünen Buchs. **Kleines Bild:** Von der Treppe der Terrasse nimmt die Hauptsichtachse ihren Anfang. Rechts und links davon gen die Gartenzimmer mit ihren unterschiedlichen Gestaltungsthemen.

 GARTEN—STECKBRIEF

Adresse und Öffnungszeiten:
Dr. Kristin Lammerting, Homepage: www.englischer-garten-koeln.de. Termine für den Besuch werden auf der Homepage bekannt gegeben.

Größe:
10 000 Quadratmeter.

Charakter:
Ein in neun Monaten Bauzeit 1995 entstandener Garten im formalen, englischen Stil mit einzelnen, durch Hecken voneinander abgetrennten, unterschiedlichen Räumen entlang einer Sichtachse. Alle Gärten, bis auf den Wassergarten, haben einen formalen Grundriss.

GARTEN LAMMERTING 87

ILSE DREES, BAD GODESBERG

Jetzt einmal ganz anders, bitte!

Inspiration aus anderen Ländern

Die Fotos von Gary Rogers aus der ersten Auswahl für dieses Buch zeigen einen romantischen Innenhofgarten, sieben auf neun Meter; einen zentralen Kugel-Ahorn, umringt von vier buchsgefassten, symmetrisch angeordneten Beeten. Der Blick auf den »echten« Garten bringt eine handfeste Überraschung. Ilse Drees hat es sich vor einigen Jahren anders überlegt. Ganz anders.

Als sie 1989 in das Reihenhaus zog, träumte sie, nach Reisen ans Mittelmeer, von einem gemütlichen Bauerngarten mit Provence-Charakter. Bis dahin war es ein buchstäblich steiniger Weg: Der Boden war voll mit verdichtetem Bauschutt und Giersch. »Vom vielen Buddeln habe ich mir einen Tennisarm zugelegt«, erinnert sich Ilse Drees heute. Der Kugel-Ahorn wurde gepflanzt und die Buchsbeete mit Thymian, Salbei, Rosmarin, Rittersporn und Rosen gefüllt. 2004, nach Reisen in Japan, stand ihr jedoch der Sinn nach

einer formaleren Gestaltung mit einem Wasserelement. Fotos vom Umbau zeigen, wie die Mitarbeiter eines Garten- und Landschaftsbaubetriebes alles, bis auf die petrolblau gefliese Terrasse, herausnehmen und die Erde aufwühlten. Was für ein Anblick.

Nun bestimmt ein Wasserbecken die Atmosphäre. Die Beete zu beiden Seiten sind schmaler, und die großen Buchskugeln etwas weiter gerückt. Eine Pfingstrose hat Ilse Drees behalten, wenige Rosen und etwas Lavendel. Passend zum Wasserthema wählte die Ahorn-Liebhaberin kleine japanische Arten als Hauptakteure, dazu einen Ginkgo und eine Himalaya-Zeder, die sich über den Teich lehnt und dabei abgestützt wird – eine Erinnerung aus Japan. Gräser und Blattschmuckpflanzen runden die Gestaltung am Wasserbecken ab. Clematis, Kletterhortensie und panaschierter Efeu bilden am Zaun die grüne hintere Wand des Gartenzimmers.

Durch die formalen Linien und die Immergrünen kann sich die Besitzerin auch in der kalten Jahreszeit über schöne Aussichten in den Innenhof freuen. Für den Start in die Blütensaison pflanzte sie früher Tulpen, doch brauchen diese zu lange zum Einziehen – ein Anblick, den man bei dem beengten Raum ständig vor Augen hat und daher nicht dulden möchte. »Ein kleiner Garten ist wie ein Zimmer«, findet Ilse Drees. »Man muss ihn stets sauber halten.« Da wartet sie lieber, bis die Pfingstrose, die weiße Azalee, die weißen und blauen Iris sowie die verbliebenen Rosen ihre Knospen öffnen. Dazu kommt das Gelbgrün des Frauenmantels, der sich »so schön auf die Wege legt«. Diese Farbe wird später von der Hortensie 'Annabelle' aufgenommen, deren Blütenbälle sich im Lauf der Saison vom Grünlichen ins Weiße färben. Dazu gesellen sich Fetthenne und Herbst-Anemonen, um nur einige zu nennen, und natürlich beginnt dann auch der Farbenzauber der Gehölze.

Ilse Drees liebt es, den Garten mit ein paar Handgriffen »innerhalb von Sekunden« zu verändern, indem sie Töpfe umstellt oder die Wasserspiel-Düse im Teich austauscht. Auch hierbei erinnert

ihr Umgang mit dem Garten an die Gestaltung eines Zimmers. So baumelt an der Himalaya-Zeder eine Japan-Glocke. Und das chinesische Terrakottahaus versah Ilse Drees mit einer Lampe, die abends mit den Strahlern im Becken um die Wette leuchtet.

Das mediterrane Flair auf der Terrasse hat im kalten Winter 2008/09 etwas gelitten: Der Oleander im frostharten Imprunetagefäß, die Olive und die aus der Türkei mitgebrachte Feige sind sonst an diesem geschützten Fleck prima über die kalte Jahreszeit gekommen. Dieses Mal jedoch gingen sie verloren. Um Ersatz ist Ilse Drees sicher nicht verlegen. Bis dahin gibt es immer noch mehr als genug zu sehen – und das auf gut 60 Quadratmetern!

Vorhergehende Doppelseite:
Großes Bild: Kleiner Garten – ganz großartig! Seit der Umgestaltung beherrscht ein schmales Wasserbecken die Szenerie. Die Schmuckelemente wechseln, je nach Laune und Saison. **Kleines Bild:** Der Blick vom Gartentor zurück zeigt den Innenhof aus einer anderen Perspektive. Und das Dach, auf dem Gary Rogers mit seiner Kamera schon mehrfach stand, unter anderem, um das große Bild aufzunehmen.

1 | Geschickt geplante Reihenhäuser: Jede Einheit hat eine L-Form, woraus sich intime Gärten mit Innenhofcharakter ergeben. 14 Jahre lang freute sich Ilse Drees an ihrer Bauerngartenromantik, die der Zeitschrift »Schöner Wohnen« 1997 einen zweiten Gartenpreis wert war. Sieben Jahre später war es Zeit für etwas Neues.

2 | Nach Rosen- und Clematisblüte steuert der Innenhof mit prächtiger Laubfärbung auf einen seiner jahreszeitlichen Höhepunkte zu. Dafür rückte der Ahorn im Topf von der Hauswand in die Mitte des herbstlichen Geschehens am Becken.

3 | Reisen bildet. Und inspiriert die nach wie vor unternehmungslustige Ilse Drees zu großen und kleinen Garten-Ideen. Wenn sie einmal unterwegs ist, wacht der Terrakotta-Krieger über den intimen Innenhof – und die Nachbarn über ihn.

 GARTEN–STECKBRIEF

Adresse und Öffnungszeiten:
Ilse Drees, Schopenhauerstraße 11, 53177 Bonn-Bad Godesberg, Tel. 0228/327361. Ein Besuch ist nach telefonischer Absprache möglich.

Größe:
63 Quadratmeter.

Charakter:
Ein ab 1989 als Bauerngarten entstandener Garten mit Innenhofcharakter, der 2004 komplett zum formalen Wassergarten mit einem länglichen Becken und zwei flankierenden Beeten umgestaltet wurde. Blüten- und Laubgehölze sowie Buchsformschnitt sorgen für ganzjährige Struktur, ergänzt durch eine Unterpflanzung aus Stauden und Kräutern.

GARTEN DREES

MARIE-LOUISE KRETSCHMER, WIESBADEN

Dackel, Rosen und Klosterpläne

Obstbäume statt Staatswald

Na, das ist ja mal eine Begrüßung! Ein Rauhaardackel steht neben Marie-Louise Kretschmer in der Haustür, der zweite linst um eine Ecke in den Flur. Kein Gekläffe, keine Aufregung, obwohl eine Fremde ihr Territorium betritt. Ihr Glück, sonst könnten die Gemütshunde gar nicht dabei sein, wenn wieder einmal Besucher ihren Rundgang durch den Waldgarten drehen. Mücke zieht sich dann zwar freiwillig in ihr Körbchen zurück, aber Julchen schiebt den ganzen Tag Patrouille, damit auch ja alles seine Ordnung hat.

An »normalen« Tagen ist es jedoch eher idyllisch-verträumt hier oben mitten im Wald beim Forstamt Wiesbaden-Chausseehaus. Dort war Marie-Louise Kretschmers Arbeitsstelle, und sie hatte immer ein Auge auf das Doppelhaus, wo früher, so sagt man, die Zollstation an der Grenze zwischen Nassau und Hessen-Kassel lag. Genauer gesagt, sie hatte ein Auge auf den Garten: »Daraus müsste man doch etwas machen können!« Vor gut zehn Jahren war es soweit: Ein Mieterwechsel stand an, und die Forstangestellte bekam den Zuschlag. »Freunde haben mich noch gewarnt«, schmunzelt die Gartenfreundin heute. »Die viele Arbeit...«.

Davon lässt sich eine lebensfrohe Frau mit der entspannten Einstellung (»das muss man ja nicht alles an einem Tag schaffen«) keineswegs schrecken. Sie kaufte ein paar Gartenbücher zur Inspiration und fing im April 1998 mit einer Trockenmauer an. Ein alter Flieder, ein Mammutbaum, eine Walnuss und eine Kirsche standen schon da, und weil im »tollen Garten« ihrer Kindheit eine Mirabelle und eine Weide standen, pflanzte sie diese noch dazu. Außerdem Vogelbeeren, denn ihre gefiederten Nachbarn – von Blaumeise bis Zaunkönig – sollen sich bei ihr auch wohlfühlen.

Gleich an der Terrasse offenbart sich eine der Leidenschaften von Marie-Louise Kretschmer: Die formalen, buchsgefassten Beete gehören der Königin der Blumen samt Fußvolk in Form von Rittersporn, Eisenhut, Frauenmantel und Lavendel. Letzterer bekam ein Beetchen für sich und ist auf Heckenhöhe abrasiert, ein reizvoller Effekt. Alte und Englische Rosen bevölkern dieses Reich, wie 'Eden Rose', 'Leonardo da Vinci' und – natürlich! – 'Marie-Louise' in der rosa sowie 'Graham Thomas' und 'Crown Princess Margareta' in der gelben Ecke. Über 65 verschiedene Sorten kultiviert die Wahl-Wiesbadenerin inzwischen. So übernimmt 'Bobby James' einen Bogen über einem kleinen Sitzplatz in der Grundstücksecke, 'Kiftsgate' hangelt sich an dem Rest der alten Kirsche empor, der nach einem Sturm übrig geblieben ist, und 'New Dawn' bewacht den Stumpf des aus Altersgründen gekappten Mammutbaums. Ein Mini-Teich plätschert, die Vögel singen, und unter der Walnuss leuchtet die einmalige Hortensie 'Annabelle'. Kaum verwunderlich, dass dieser Bereich den Namen »Romantischer Garten« erhielt!

Vor drei Jahren war Marie-Louise Kretschmer das nicht mehr genug. Sie schwatzte dem Förster weitere 300 Quadratmeter Wald für einen Nutzgarten ab. »Nutzgarten? Die Arbeit wollen Sie sich machen«, warnte der Förster. Sie wollte, sorgt aber dafür, dass sich die Arbeit durchaus in Grenzen hält. »Klein und eng brauche ich nicht«, findet die Absolventin eines Gartengestaltungslehrgangs. Großzügig sollte ihr Nutzgarten sein, schön anzusehen und außerdem Spaß machen. Durch den Holzzaun und eine mit Wein bewachsene Pergola betritt man nun den durch den St. Gallener Klosterplan inspirierten »Klostergarten«. Lange, schmale, von Klinkern eingefasste und formal angeordnete Beete gliedern eine weitläufige Kiesfläche. Vier davon sind Kräutern und Gemüse vorbehalten, erkenntlich am Schneckenzaun, der hier jedoch, wie die Gärtnerin feststellt, eigentlich fast überflüssig ist: Schnecken kriechen nicht gern über Kies. In sechs weiteren Beeten wachsen junge Bäume alter Obstsorten heran. Das verspricht, eines Tages ein umfangreiches Erntefest zu werden! »Ich freue mich drauf«, strahlt Marie-Louise Kretschmer, und das glaubt man ihr sofort.

| Rasengräser haben im Halbschatten des Waldgartens kein leichtes Leben. Erst ging die Hausherrin gegen das unvermeidliche Moos an. Inzwischen findet sie es jedoch viel schöner, bei jedem Schritt auf dem weichen Polster daherzufedern.

| Während die Alten Rosen zum späten Fototermin mit Gary Rogers sich eher mit Hagebutten schmückten, bewies die moderne Romantica-Rose 'Colette' am Rande des Wegs parallel zur Terrasse ihre Ausdauer mit nostalgisch gefüllten Blüten.

| In den »Klostergarten« pflanzte Marie-Louise Kretschmer alte Obstsorten, wie die Äpfel 'Rheinische Schafsnase', 'Geheimrat Oldenburg' und 'Maschanzker', die Birnen 'Schweizer Hose' und – »das musste sein« – 'Marie Luise', sowie 'Büttners Rote Knorpelkirsche' und den rotlaubigen Zierapfel 'Royalty'. Sogar einer Feige und einem Pfirsich »traute« sie das Überleben auf knapp 500 Höhenmetern zu.

Vorhergehende Doppelseite:
Großes Bild: Auf der Terrasse zeigt sich die Inselfreundin: Ein Strandkorb und die Alte Rose, besser bekannt als Kartoffel-Rose, schaffen Urlaubsflair. Kübelpflanzen, wie Schmucklilie, Zitronen, Oleander und Oliven, steuern noch etwas Mittelmeerstimmung in den »Romantischen Garten«. **Kleines Bild:** Marie-Louise Kretschmer ist sehr daran gelegen, der Natur in ihrem Garten Platz einzuräumen. So erfreuen die Blüten und Früchte des Schneeballs Hausherrin und Tierwelt gleichermaßen.

20 GARTEN–STECKBRIEF

Adresse und Öffnungszeiten:
Marie-Louise Kretschmer, Chausseehaus 28, 65199 Wiesbaden, Tel. 0611/9465695. Besuch nach telefonischer Vereinbarung oder zum »Offenen Garten«. Termine unter www.naturgarten-kretschmer.de.

Größe:
1 000 Quadratmeter.

Charakter:
Der Garten auf einer Lichtung im Wald wird seit 1998 gestaltet. Zunächst entstand auf 700 Quadratmetern der »Romantische Garten« mit Strauch-, Kletter- und Hochstammrosen. Eine Trockenmauer stützt den Hang seitlich ab. 2007 kamen oberhalb der Mauer 300 Quadratmeter für einen formalen »Klostergarten« mit Obst und Gemüse hinzu.

GARTEN KRETSCHMER 95

HANNELORE MATTISON THOMPSON, SCHLANGENBAD

Von der Kunst des richtigen Sehens

Formale Hecken und Naturnischen

Das optische Gleichgewicht kann dem seelischen zu schaffen machen. Hannelore Mattison Thompson saß am Fenster und betrachtete den Torbogen in der den Hauptgarten begrenzenden Hecke. »Da fehlt etwas«, fühlte sie. Pflanzte riesige Buchskugeln rechts und links, um der enormen Höhe der grünen Wand etwas entgegenzusetzen. Das stellte sie nicht zufrieden. Ein Paar schlichter Säulen kamen hinzu. Besser! Aber die Töpfe darauf stimmten noch nicht. Wieder saß sie am Fenster und schaute. Der Prozess zog sich über Jahre. »Wir müssen die Buchskugeln noch einmal umpflanzen«, verkündete sie schließlich zur Bestürzung ihres Ehemanns. »Heute kann ich ruhig schlafen«, sagt die Wahlhessin.

Diesen speziellen »Seh-Sinn« hat man. Oder man hat ihn nicht. Hannelore Mattison Thompson jedenfalls merkte schon als junger Mensch, wie sehr die englische Landschaft sie faszinierte. Und die Gärten. Erkannte, dass das eine mit dem anderen zu tun hat. »So etwas muss doch auch in Deutschland machbar sein«, dachte sie. »My home is my castle – das schließt den Garten mit ein«, sagt sie heute. »Das habe ich damals noch nicht so verstanden.« Hohe Hecken für die Privatspäre und das Mikroklima, repräsentative Zimmer mit unterschiedlichen Funktionen, die zudem nicht auf den ersten Blick eingesehen werden können – das ist es, was für sie das Wesen eines »Englischen Gartens« ausmacht.

In ihrem ersten eigenen Garten von Reihenhausgröße mit einem Rasen für die Tochter spiegelte sich das noch nicht wider. Mit einem Buch von Russell Page, der erst Kunst studierte, bevor er seine Liebe für Pflanzen entdeckte und Gartendesigner wurde, machte sich Hannelore Mattison Thompson Appetit auf mehr. Ein größeres Grundstück musste her, und das fand die Familie vor 30 Jahren. Auf dessen großer Wiese entstand zuerst ein Garten mit Alten Rosen, die der Hausherrin in England begegnet und hierzulande noch unbekannt waren. Allerdings platzierte sie ihn nicht vor Terrasse oder Wintergarten, sondern an eine Seite des Grundstücks. »Ich wollte die Rosen gar nicht immer im Blick haben«, lautet der Kommentar. »Von der Terrasse aus ist der Rasen als offener Raum wichtig. Außerdem blühen die alten Sorten nur kurz.« Letzteres glich sie später durch Clematispflanzen aus der Viticella-Gruppe aus, die die Pracht der Rosen an Eisenpyramiden fortsetzen. In Anlehnung an den Grundriss deutscher Bauerngärten erhielten die Rosenbeete eine Einfassung aus Buchs. Und weil ihr Vater, ein Landwirt, ständig Nachwuchs dieser Heckengehölze parat hatte, setzte Hannelore Mattison Thompson das Rahmenkonzept in den benachbarten Gemüsegarten fort.

Jenseits der den Hauptgarten begrenzenden Hecke mit dem Durchgang liegt der Teich. »Den wollte ich auch nicht so dicht am Haus haben, weil man mich vor den Stechmücken gewarnt hatte«, sagt die Gärtnerin. Dieses Argument erwies sich im Nachhinein als völlig unnötig, denn die Goldorfen nehmen sich dieses Problems gründlich an. Trotzdem war die Entscheidung richtig, denn am hinteren Gartenende herrscht die für die idyllische Atmosphäre und für das Dutzend Krötenpaare unerlässliche Ruhe.

Überhaupt legt die Tierfreundin viel Wert auf die Natur. So hat der Teich zwar eine formale Form, doch sie achtete darauf, dass die Kröten ihn ohne Weiteres verlassen können und Unterschlupf finden. Zum Beispiel, wie die Igel, im Totholzhaufen unter der Haselnuss. Oder in der »Stumpery«, einem Arrangement aus alten Wurzeln und Steinen auf dem anderthalb Meter hohen Farnwall hinter dem Teich. Insekten finden Nahrung auf einem Stück Wiese im Hauptgarten mit Margeriten, Schachbrettblumen, Schlüsselblumen, Veilchen, wildem Salbei und Sauerampfer. Sie wird nur im Juli geschnitten, und dann mit der Heckenschere, weil mit dem Rasenmäher kein Durchkommen mehr ist.

Vögel, Bienen und Schmetterlinge kommen zudem im »Secret Garden« auf ihre Kosten. Farne, Lenzrosen, eine Kletterhortensie und Efeu, viel in der blühenden Altersform, verbreiten hier eine besonders intime und friedliche Stimmung. Er liegt hinter dem Haus und ist hauptsächlich deshalb »geheim«, weil Besucher ihn in der Regel gar nicht zur Kenntnis nehmen. Genau das Richtige also für die Mönchsgrasmücke, die hier ihre Jungen aufzieht. Die tierischen Gartenbewohner danken es der Gastgeberin auf ihre Weise: Sollten sich einmal Blattläuse breitmachen, greift diese nicht zur Spritze, sondern »hält 14 Tage aus«, dann haben Vögel, Marienkäfer und Schwebfliegen dem Spuk ein Ende gemacht.

1 | Der tiefer liegende »Weiße Garten« entstand etwas später, daher konnten bereits gemachte Erfahrungen in seine Gestaltung gleich mit einfließen. Gary Rogers nahm bei diesem Motiv die Sicht vom Sitzplatz auf. Die Treppen hoch, hinter der hohen Hecke, folgen Rosen-, Gemüse- sowie der »Mediterrane Garten«.

2 | Der Gemüsegarten, wo auch das Obst nicht zu kurz kommt, ist das Steckenpferd von Maurice Mattison Thompson. Bohnen sind hier obligatorisch, weil er sie aus seiner Kindheit kennt. Wenn diese zum Essen auf den Tisch kommen, sind sie immer etwas ganz Besonderes. Außerdem pflegt er Erbsen, Salat und Zucchini.

Vorhergehende Doppelseite:
Großes Bild: Ein Blick über den »Knotengarten« in den Hauptgartenraum. Bis die grünen Eibenwände eine solche Höhe erreicht haben, vergehen Jahrzehnte. Hier sind die ältesten Pflanzen 25 Jahre alt. Rechts ist der Durchgang in den »Rosengarten«. Kleines Bild: Von diesem Durchgang hielt Gary Rogers einen weiteren Blick in den Hauptgarten fest. Hinten links sieht man den »Knotengarten«, geradeaus eine Staudenrabatte an der Hecke, die die Einfahrt zum Grundstück versteckt.

Mit den Jahren kommt die Reife

Zusammen mit dem Teich entstand 1990 auch der »Knotengarten«. Bei Russell Page hatte Hannelore Mattison Thompson gelesen, dass der Übergang vom Wintergarten ins Freie ein schwieriges Thema sei – schließlich sollen Haus und Garten eine Einheit bilden. Er löste es mit einem grünen Parterre. Die Ästhetin wollte diesem Beispiel gerne folgen. Aber womit? Verschlungene, niedrige Formschnitthecken lassen sich zwar aus verschiedenen Kräuterarten gut verwirklichen, doch sind diese für das Grundstück in rund 500 Metern Höhe nicht verlässlich frosthart. Wie beim Rosen- und Gemüsegarten entschied man sich schließlich für den zahlreich vom Vater gezogenen Buchsnachwuchs.

»Nach der Pflanzung war es ganz schön schwer, sich an den Knotenschnitt zu wagen«, erzählt Hannelore Mattison Thompson. »Wie soll das aussehen«, fragte ihre damals zwölfjährige Tochter. »Drunter und drüber«, lautete die Antwort. Unbefangen machte sich das Kind mit der Schere ans Werk. Es gelang und wurde lediglich im Lauf der Zeit etwas verfeinert. Heute ist der vier mal vier Meter messende »Knotengarten« ein Besuchermagnet. Die Gärtnerin regt obendrein an, sich auf der Bank davor niederzulassen. »Das ist ein ganz anderes Erlebnisgefühl«, meint sie. »Die Hecken wirken aus dieser Perspektive höher, und es ergeben

sich schöne Licht- und Schattenspiele, besonders im Abendlicht.« Subtile Kontraste resultieren aus den verwendeten Buchssorten: Zwei der zentralen Buchskugeln haben gelb, die anderen beiden weiß panaschiertes Laub. Erstere wächst stärker, was sich über die Jahre sichtlich in Größendifferenzen bemerkbar macht.

Nun bot das Grundstück noch Potenzial für zwei weitere Gartenräume. Der eine liegt etwas tiefer, und so hat man vom oberen Treppenabsatz durch einen Holzbogen den Überblick über den »Weißen Garten« mit Rondell und einem heimeligen Sitzplatz in einem schattigen Heckenhalbrund. Der andere Raum, der »Mediterrane Garten«, befindet sich genau entgegengesetzt hinter dem Rosen- und Gemüsegarten am anderen Ende. Der Nachbar des Teichs verdankt seinen Namen den dort verlegten alten, roten Sandsteinplatten in unterschiedlichen Größen, der ausgepflanzten Feige sowie den Toskanatöpfen mit Rosmarin und Agave.

Inzwischen feilt Hannelore Mattison Thompson nur noch an der Reife und Vollkommenheit ihres Gartens. Was nicht heißen soll, dass ihr Entdeckergeist erloschen ist: »Wenn Besucher kommen, interessiert mich alles, was sie zu erzählen haben. Da ist immer wieder etwas dabei, womit ich mich noch gar nicht beschäftigt habe. Man lernt in einem Leben nicht genug, andererseits kann man so viel Wissen ja nicht mehr umsetzen.« Möchte sie eigentlich auch gar nicht. Müsste sie Ihren Garten neu anlegen, er sähe wieder genau so aus. Dabei findet sie ihn ungewöhnlicherweise im Winter attraktiver als im Sommer. »Die Hecken kommen gut heraus, die Struktur, die Wege, die Steine und das Moos. Im Sommer ist mir das manchmal fast zu viel, wenn die Beete so voll sind«, erklärt sie. Zuweilen geht Hannelore Mattison Thompson eine Stunde lang von Raum zu Raum spazieren, um zu genießen und zu beobachten, ob alles noch stimmig ist. Um dann vielleicht wieder etwas anzupassen. »Sie werden ja nie fertig«, bekommt sie gelegentlich zu hören. Das ist ja gerade das Wunderbare daran!

1 | An dem Torbogen in der Hecke zwischen Hauptgarten und Teichgarten gibt es nun nichts mehr auszusetzen. Buchskugeln und Säulen mit schlichten, aber edlen Gefäßen leiten Blick und Besucher auf den Durchgang und bilden ein optisches Gegengewicht zur hohen Hecke. Rosen, Farne und weitere Pflanzen mit hellgrünem Laub verbinden die strengen, geometrischen Formen miteinander.

2 | Hannelore und Maurice Mattison Thompson genießen ihren »Englischen Garten« im Taunus. Der Hausherr zeigt sich in seiner Freizeit gern für den Gemüsegarten verantwortlich, wo er auch die Beeteinfassungen aus Buchs in Form hält.

3 | Im Sommer verwischt die Randbepflanzung die formalen Linien des Teichs. Rechts, im Schatten des Baumes, arrangierte die Gartenherrin ihre »Stumpery« aus Wurzeln und Steinen. Ob sie sich allerdings über den Hopfen freuen soll, der das Teehaus übernimmt, weiß sie nicht so genau. Einerseits sieht das ja ziemlich romantisch aus, doch der ungestüme Kletterer verdeckt das schöne Schieferdach.

 GARTEN–STECKBRIEF

Adresse und Öffnungszeiten:
»Ein Englischer Garten im Taunus«, Hannelore Mattison Thompson, Schlangenbad, Tel. 06129/599991. Ein Besuch ist nach telefonischer Absprache gegen einen Kostenbeitrag möglich.

Größe:
1 200 Quadratmeter.

Charakter:
Ein 30 Jahre alter Garten im formalen, englischen Stil, der durch hohe Hecken in mehrere Räume gegliedert ist. Ein »Knotengarten«, ein naturnaher Teichgarten mit formalem Grundriss, Rosen- und Gemüsegarten, »Weißer Garten«, »Secret Garden« sowie »Mediterraner Garten«.

CLAUDIA UND JULIUS GEORG ORB, WESTHOFEN

Mit starkem Hang zum Genuss

Tradition mit Zukunftsaussichten

Zwanzig Jahre wartete der Garten des Weinguts Orb auf jemanden, der ihm wieder ein Gesicht gab. 1991 war es soweit: Claudia Orb heiratete in die Winzerfamilie ein. »Das war eine irre Herrlichkeit«, lacht sie, denn Brombeeren und Efeu hatten sich ordentlich breit gemacht. Von Null brauchte sie jedoch auch nicht anzufangen: Der erste Garten entstand wohl mit den Gebäuden um 1810 mit 17 Prozent Steigung zum Weinberg. Ein Bauerngarten, natürlich, dessen mit Trockensteinmauern gestützte Terrassen bis heute erhalten sind. In den Fünfzigern kam noch ein »Dachgarten« dazu, als man den Weinkeller mit einem Meter Boden bedeckte.

Claudia Orb kam aus der Stadt und hatte »keine Ahnung« vom Gärtnern. Aber Erinnerungen an ihre Oma, eine »wunderbare Gärtnerin«. Als der Schwiegervater ihr Interesse spürte und ihr zur Ermutigung ein Gartenlexikon schenkte, fing sie einfach an.

Fünf Teile sind auf dem Grundstück zu erkunden. Ein länglicher Streifen ist durch die Zufahrt vom Wirtschaftsgebäude zum Weinberg räumlich abgetrennt. Große Bäume verleihen ihm einen verwunschenen Waldcharakter. Alte Grabsteine vom Friedhof Westhofen haben hier ein angemessenes Plätzchen gefunden. Dem Hof gegenüber liegen die drei Terrassen. Die niedrigste gehört den Rosen und Pfingstrosen. Dabei kommt es Claudia Orb vor allem auf dichte Blütenfüllung und intensiven Duft an, der Schönheit wegen, aber auch, weil daraus das beste Rosengelee entsteht.

Auf der zweiten Terrasse unter einem alten Ahorn träumte ein um die 200 Jahre alter, offener Gazebo aus England vor sich hin – früher das Ziel einer Sichtachse vom Haus. Claudia Orb weckte ihn aus dem »Pfeifenwindenschlaf«: Das 50-, 60 Jahre alte Klettergehölz hatte den Pavillon so überwuchert, dass der Stern aus Kalkstein, auf dem er steht, erst zutage kam, als Claudia Orb sich den Weg ins Innere freischnitt. Das »Lieblingshäuschen« auf dem bewusst wiesenartigen Rasen teilt sich die Terrasse mit dem Teich. Die dritte Terrasse, das Endstück des Gartens, ist (derzeit) Claudia Orbs ganzer Stolz. Ein »kleines, feines Klostergärtchen« hat sie in den vergangenen Jahren angelegt, mit Buchseinfassungen, und einer duftenden Heilpflanzensammlung nach Hildegard von Bingen, von Arnika bis Ysop. Die Kirsche, der man ihr hohes Alter ansieht, bekam Gesellschaft von Birne, Apfel, Quitte, Olive und Birke, allesamt wichtige Bäume für Hildegard von Bingen.

Der eingangs erwähnte Dachgarten, oder »Ruhegarten«, wie Claudia Orb ihn nennt, liegt etwas tiefer und ist ein von Gehölzen umgebener Trockenrasen. Besucher, die sich zu den Sitzplätzen trauen, flüstern hier nur, wie die Orbs amüsiert beobachteten.

Wer sich nicht traut, verpasst etwas, besonders zur Wildrosenblüte mit Mandarin-Rose, dreierlei Rugosa-Rosen, Hecht-Rose und Zimt-Rose, gefolgt von Flieder, Ball-Hortensien, Schmetterlingssträuchern und weißen Hibiskussträuchern, teils mit rotem Auge.

Eine naturnahe, biologische Wirtschaftsweise liegt Claudia Orb am Herzen. Gedüngt wird mit Kompost aus einer der im Garten verteilten »Kompoststationen«, und mit Bokashi, einem Fermentationsprodukt aus organischem Material, das sie selbst herstellt. Nicht nur den Tomaten geht es damit sichtlich prima: Vor einiger Zeit stand die Gutsherrin vor dem kleinen, veralgten Teich und schüttete kurz entschlossen etwas Bokashi hinein. Es hat geklappt!

1 | Das »Klostergärtchen nach Hildegard von Bingen« ist auch ein »Lehrgarten«: Sonnenhut, Weberkarde und Beifuss – zu jeder Pflanze gibt es ein Schild mit Namen, botanischer Bezeichnung und der überlieferten medizinischen Wirkung.

| Die authentische, von zwei sich in der Blütezeit ergänzenden Clematis berankte gendstillaube ist das Ziel des Weges über die Rosenterrasse, siehe Bild 3. Von dort lt der Blick auf Rosen- und Lavendelbeete sowie die benachbarte Hortensienecke.

| Vom Haus führen geschwungene, wie improvisiert wirkende Spazierwege durch s Rosenvergnügen und weiter durch die anderen Gartenteile. Claudia Orb machte sie wieder begehbar und begradigte manche, um Sichtachsen herzustellen.

Vorhergehende Doppelseite:
Großes Bild: Auf der untersten von drei Terrassen fand Claudia Orb einige Edelrosen von der Schwiegermutter vor. Sie stellte ihnen eine nostalgische »Rosengesellschaft« – oft auf eigener Wurzel – zur Seite, unter anderem den Gallica-Abkömmling 'Belle sans Flatterie' und die Moos-Rose Rosa x centifolia 'Muscosa'. **Kleines Bild:** Die 'Eden Rose' demonstriert Claudia Orbs Vorliebe für zarte Farben – höchstens »Päonien-Pink« ist in ihren Beeten erlaubt.

22 GARTEN–STECKBRIEF

Adresse und Öffnungszeiten:
Claudia und Julius Georg Orb, Am Markt 9–13, 67593 Westhofen, Tel. 06244/828. Besuch nach telefonischer Absprache oder zu den Tagen der Offenen Tür. Termine auf der Homepage www.weingut-orb.de.

Größe:
1 000 Quadratmeter.

Charakter:
Ein etwa 200 Jahre alter Hanggarten mit drei Terrassen, der seit 1991 instand gesetzt und behutsam verändert wird. Viele Alte Rosen, ein von einer Blütenhecke gesäumter Trockenrasen, ein Waldstück und ein Klostergarten; ein alter Gazebo sowie ein Jugendstilpavillon.

CHRISTINE UND DIETMAR EISSMANN, NÜRTINGEN

Man wächst mit seinem Garten

Mit der Rente kam die Rosenlust

Eigentlich hatte Christine Eißmann immer gesagt, sie wolle kein Haus und keinen Garten. Die Familie lebte lange im Ausland, und als man sich schließlich in Nürtingen in einer Doppelhaushälfte niederließ, waren 370 Quadratmeter nacktes Baugrundstück dabei. Rasen wurde eingesät und eine Hecke gepflanzt. Dabei blieb es, bis die Puppenmacherin in Pension ging. Nun saß sie im warmen Wintergarten und fing an zu planen. Eine quadratische Pergola auf vier Säulen dachte sie sich vor das verglaste Zimmer, Kugelbäume und einen Sichtschutz zum Nachbarn. An der Pergola einen Teich, der für die Eißmanns als Tierfreunde und, wie die Hecken, für das Mikroklima unbedingt zu einem Garten dazugehört. Ihr »Hauptthema« aber waren die Rosen. Sind die Rosen, um genau zu sein, denn vor allem im Juni blühen die romantischsten aller Blumen in atemberaubender Fülle in den Beeten und an Bögen.

Bis dahin war es ein weiter Weg. »Am Anfang gab es einige Fehlschläge«, erinnert sich Christine Eißmann, die daraufhin jedoch nicht verzagte, sondern sich mit Gartenbüchern und -zeitschriften tiefer in das Thema einarbeitete und schließlich den Rosenfreunden beitrat. Mit Erfolg, wie man überdeutlich sieht: 'Parade', 'Nahema' und 'Constance Spry' klettern über die Rosenbögen, 'Rosarium Uetersen', 'Schwanensee' und 'Centenaire de Lourdes' lehnen sich an Obelisken, 'Paul's Himalayan Musk' kaschiert charmant die seit einer Krankheit optisch nicht mehr makellose Nordmannstanne, 'Königin von Dänemark' und 'Abraham Darby' lassen nostalgische Gefühle aufkommen ebenso wie die Zentifolie 'Cristata' mit ihren merkwürdigen Knospen, die an Napoleons Dreispitz erinnern. Dabei sollte es nicht bleiben: Nackte Erde um die Rosen, »das kann es nicht sein«, dachte die findige Gärtnerin, und unterpflanzte die Blütengehölze mit Stauden, vorwiegend in Blau, Weiß und Rosa. Gelb mag sie hier nicht – mit Ausnahme der Narzissen im Frühjahr. Diese sind kaum verblüht, da schwelgt der Garten schon in den bevorzugten Farbtönen, wenn die vielen Clematis-Hybriden, Zierlauch und andere Frühsommerblüher einen ersten Höhepunkt herbeiführen. Buchshecken und Kugeln, aus Stecklingen selbst gezogen, halten, zusammen mit anderen immergrünen Strukturpflanzen, im Winter die Stellung.

Aus Trittsteinen sind gepflasterte Wege geworden, und hier kommt Dietmar Eißmann ins Spiel. Ob Wand, Rasenkante oder die Säulen der Terrassenpergola – der geschickte Hobbyhandwerker setzt jeden Stein selber. Zum Glück, denn auch hier machten die Eißmanns eine Erfahrung: Zunächst entschieden sie, den Hauptweg 40 Zentimeter breit anzulegen. Mehr »fühlt sich zu groß an«, wenn der Garten drum herum noch nicht allzu weit gediehen ist. Später erwies sich das als etwas zu knapp bemessen. Na und? Dietmar Eißmann pflasterte einfach noch eine Reihe dazu.

Zwei Sichtachsen gliedern das organisch-geschwungen gestaltete Grundstück. Einmal die vom Wintergarten durch die Pergola über den Teich bis zu einer Bank zwischen Rosen und Rosenbögen. Eine zweite quer dazu von einer Zeder neben der Liegestuhlinsel zwischen Nordmann- und Silbertanne bis zum Teich an der Kugel-Robinie, und aus dieser Perspektive gewinnt man den Eindruck, als ob dort gleich ein ganzer Park zu entdecken wäre.

Natürlich hat auch dieser Garten nicht nur Sonnenseiten. Auf halbschattige Stellen bei den Nadelgehölzen sowie am Grundstücksrand antwortet Christine Eißmann mit Rhododendren und Azaleen sowie schattenverträglichen Stauden. Auch ungewöhnliche, wie die Krötenlilie, die man nach drei Jahren fast schon aufgegeben hatte, bis sie sich endlich auf das Schönste berappelte. Überhaupt sind die Eißmanns Experimenten nicht abgeneigt. So fand die Hausherrin einen Kastaniensämling im Staudenbeet. Stehen lassen kam in dem kleinen Garten nicht in Frage. Also verwandelte sie das Gewächs, ebenso wie einen Apfel, in Bonsai. Erst schnitt sie die Zwerge »nach dem Bauch«, was bei der Kastanie mangels Seitentriebbildung weniger gut gelang. Daraufhin schaute sie sich die nötigen Tricks beim Profi ab. Obendrein vermehren die Eißmanns Rosen über Stecklinge und finden, dass diese oft gesünder und schöner ausfallen als ihre veredelten Exemplare. Ganz viel Mut bewiesen sie bei der Farbgebung der Sichtschutzwand zur Garage hin. Was passt zur weiß verfugten Klinkermauer mit weißen Fensterrahmen? Blau nicht, Grün ist zu dunkel. Rot wäre ein schöner Kontrast, fanden sie. Über das Ergebnis ist Christine Eißmann selbst positiv überrascht – bislang war sie immer gegen Rot.

So ändern sich die Vorlieben. Die Frau, die keinen Garten wollte, hat nun doch einen. Der ist inzwischen so reizvoll geworden, dass sie sich eigentlich nur noch draußen aufhalten möchte, und wenn es im Wintergarten ist. »Wir brauchen das Wohnzimmer nur noch zum Durchlaufen – und zum Putzen«, schmunzelt sie.

| Christine und Dietmar Eißmann an einem ihrer Sitzplätze. Dieser hat gleich eine doppelte Aussicht in den eigenen Garten: Der geschickt gestaltete Sichtschutzzaun zum Nachbarn hat ein (Spiegel-)Fenster, worin man neue Perspektiven entdeckt.

| Ein geschlängelter Pflasterweg verbindet die Rosen- und Staudenbeete am Haus mit dem Teichgartenzimmer. Er führt an der attraktiv geklinkerten, schön eingewachsenen Garage vorbei und hat kein klar erkennbares Ende. Zudem verdeckt der Lebensbaum (rechts) die Sicht. Daher hat man, von dieser Stelle aus gesehen, den Eindruck, hinter der Kugel-Akazie folge womöglich noch ein ganzer Park. Links, auf dem Foto gerade noch erkennbar, schließt sich an die Garage die neue, rot gestrichene Sichtschutzwand an, beginnend mit einem weißen Pfosten.

Vorhergehende Doppelseite:
Großes Bild: Am Teich vor der Pergola erfreuen sich nicht nur die Eißmanns, sondern auch allerhand vier- und sechsbeinige Gartenbesucher. Auf die Frösche, die sich hier angesiedelt haben, sind die beiden besonders stolz. **Kleines Bild:** Vor einem Erker an der Stirnseite des Hauses hat die Rose 'White Meidiland' einen Platz gefunden. Niedrig musste die Sorte sein – das Ehepaar legt Wert darauf, dass man von jedem Fenster aus einen schönen Blick in den Garten genießen kann.

 GARTEN–STECKBRIEF

Adresse und Öffnungszeiten:
Christine und Dietmar Eißmann, Breitackerstraße 14/1, 72622 Nürtingen, Tel. 07022/36051. Ein Besuch ist im Juni nach telefonischer Absprache möglich.

Größe:
370 Quadratmeter.

Charakter:
Ein romantischer Garten mit vielen Rosen, Kletterpflanzen und standortgerecht ausgewählten Stauden, der 1996 begonnen und nach und nach weiterentwickelt wurde. Hecken und originelle Sichtschutzwände sorgen für Privatsphäre. Die Pergola am naturnahen Teich, die »Liegestuhlinsel« im Rasen und weitere Sitzplätze laden zum Entspannen ein.

ROBERT FREIHERR VON SÜSSKIND UND
SABINE FREIFRAU VON SÜSSKIND, UNTERSCHWANINGEN

Reise durch die Gärten dieser Erde

Schlossgarten sucht Gärtner

Was hat der Schlossgarten von Dennenlohe für ein Glück gehabt! Eher mehr als weniger deutsche Parks um altehrwürdige Gemäuer unterhalten das, was eben so üblich ist: Barocke Parterres für die Aussicht von der Belle Etage, die kaum ein Besucher aus dieser Perspektive zu sehen bekommt. Darin Sommerflor in Farbfeldern: Eisbegonie (rot), Leberbalsam (blau) und Studentenblume (gelb); Stiefmütterchen im Winter, Tulpen im Frühling. Engagiertere zeigen trendige Alternativen, wie Hohe Verbene mit Spinnenblume und roten Gräsern, alles Ton in Ton. Eine Kombination, die Baron Süsskind durchaus zusagt, jedoch ihren Reiz verliert, wenn sie ihm in zwei Parks hintereinander jeweils gleich zehnmal begegnet. Derlei Déjà vus gibt es in Dennenlohe nicht. Der Schlossherr der 7. und 8. Generation – je nachdem, ob man über den Vater oder über die Mutter rechnet – ist ein vor Energie und Ideen nur so sprühender, enthusiastischer Gärtner, um nicht zu sagen: Gartenverrückter, der den meisten seiner Gleichgesinnten eines voraushat: Platz! Derzeit ist das Schlossgelände auf zwölf Hektar gewachsen, Tendenz steigend, 26 Hektar sind angepeilt.

Wie steigt man bloß in ein solches Riesenprojekt ein, ohne den Mut zu verlieren? Darüber kann Baron Süsskind nur lachen: Den Mut verlöre er nur, wenn er ausgangs des Winters »alles« erfroren vorfände. »Es lag wahrscheinlich in mir«, meint er und erklärt den Ursprung seiner wachsenden Begeisterung in »der Dringlichkeit eines Gartens«. Als Berater in St. Gallen, München und Brüssel kam er einfach nicht dazu, das Staudenbeet parallel zur Orangerie im Frühjahr zu jäten und stand regelmäßig entsprechend machtlos vor der daraus resultierenden Giersch-Invasion. Eine Unkraut

unterdrückende Alternative aus großen Pflanzen musste her. Auf diese Weise stieß der damalige Garten-Neuling auf Rhododendren. Heute ist er Herr über den größten Rhododendron-Park Süddeutschlands mit über 500 Sorten und Arten.

Natürlich hatte Baron Süsskind Vorgänger, die das Grundstück ihrer Vorstellung nach gestalteten oder gestalten ließen. Das Herzstück des Schlossgartens entstand zwischen 1734 und 1750 als Einheit mit dem Gebäudekomplex nach dem Entwurf des italienischen Architekten Leopold Retti, der übrigens auch das Neue Schloss in Stuttgart sowie das Schloss Ludwigsburg plante. Der Garten präsentierte sich als – seinerzeit unvermeidlich – barocker Lustgarten nach französischem Vorbild mit breiten Wegen hinter dem Schloss und einem geometrisch angelegten Nutzgarten mit Orangerie. Bereits 23 Jahre nach seinem Entstehen wich der Lustgarten, der Mode entsprechend, einem englischen Landschaftsgarten. Die Beetanordnung im Nutzgarten blieb, wie sie war, bis 1950 eine große Rasenfläche ihre Stelle einnahm.

Baron Süsskind erbte Schloss Dennenlohe 1980. Er gab die Beratertätigkeit auf und entdeckte seine Lust aufs Gärtnern. Das eigenhändige Gärtnern, wohlgemerkt. Pflegeextensive Anlagen schreckten ihn ab. »Der Park ist ein Denkmal, das ich für meinen Sohn nicht betonieren wollte, damit er seine Kreativität hier auch einmal ausleben kann«, erklärt er seinen Gestaltungsansatz. Alle Sinne will er ansprechen, nicht nur den der Augen, wie bei den barocken Gärten, die weit weg vom Betrachter sind. Dazu gehören schmale Wege, auf denen man auch einmal einen Ast zur Seite biegen muss, um weiterzukommen – früher undenkbar, doch »heute trägt man ja keine Krinolinen mehr«. Sogar den Fußsohlen ist Kurzweil geboten: Die Wege selbst bestehen mal aus Rasen, mal aus Pflaster, aus Bohlen, Siebsand oder Kies.

Solche Entwürfe entstehen natürlich keinesfalls aus dem Nichts. Mit einigen Staudenrabatten im Privatgarten, auch »Innerer Garten« genannt, fing der Schlossherr an. Dachte aber bald darauf bereits in Konzepten und konstruierte eine Sichtachse der Gartengeschichte über Zeit und Raum. Deren zentraler Punkt ist die Süsskind'sche Interpretation des Ursprungs aller Gärten, dem Paradies. Im Wortsinn bedeutet Paradies »Der Garten des (persischen) Kaisers mit einer Umwallung«. Dafür baggerte der Baron den sumpfig gewordenen Ententeich wieder aus und beließ dabei dessen bereits vorhandene Insel. Sie liegt zwar nicht genau in der Mitte, wurde aber durch einen optischen Trick an die rechte Stelle »gerückt«: Die Spiralform des weinroten »Turms zu Babel«, der das Eiland im Fluss des Lebens ziert, versetzt den Schwerpunkt. Da Babylon sich an Persien orientierte, dürfen vier Bäche aus allen Himmelsrichtungen – stellvertretend für die vier Weltgegenden, über die der erste König herrschte – dort hineinfließen.

1 | Die Detailaufnahme zeigt den »Bauch« des »Rhododendrondrachens«. Über e »Blaue Brücke« gelangt man zur mit Rhododendren bewachsenen »Herzinsel«.
2 | Zwischen Schlossmauer und Weiher schlängelt sich ein schmaler Pfad am Wasser entlang. Er führt vom Wasserfall an der Freitreppe des Lustgartens am Mondtor vorbei in den Rhododendronpark. Gelbe Gehölze, wie Goldregen, Goldulme und die gelb blühende Kastanie, säumen neben Rhododendren das Ufer.

Vorhergehende Doppelseite:
Großes Bild: Die »Rote Brücke« verbindet den »Rhododendron-Drachen« im chlossweiher mit dem Festland. Von der Schlossmauer bis zur Brücke verfolgt der Baron chinesische Gestaltungsprinzipien, ab dort die japanischen. Kleines Bild: ber die »Hemerocallis-Bucht« kann man einen Blick durch das geöffnete Mondtor in den Privatgarten erhaschen. Das Tor hat, wie in China üblich, eine »Stolperschwelle« zur Abwehr böser Geister.

GARTEN SCHLOSS DENNENLOHE

Sichtachse über Raum und Zeit

Jetzt die Sichtachse! Sie beginnt an einer – noch fertigzustellenden – Muschelgrotte an der Seite des »Inneren Gartens«. Solche Elemente gab es schon in römischen Anlagen, aber auch im Barock. Im Barockgarten finden sich Boskette (Wäldchen), und aus dem wilden Wald kamen die Germanen. Womit wir in unseren Breitengraden angekommen wären. Von der Grotte mit Wasserfall kreuzt der Blick die gut 100 Meter lange Achse namens »Vasenweg« mitsamt der ebenso langen Staudenrabatte, die das Schloss mit der Orangerie verbinden. Originale, barocke Steinvasen, die einst den Schlosshof zierten, stehen seit ihrer Restaurierung 1995 daran entlang Spalier. Um ihren neuen Glanz zu erhalten, packt Baron Süsskind sie vor dem Frost alljährlich in eigens dafür konstruierte Holzhäuschen ein. Das Akanthus-Motiv der Vasen schafft eine geschichtliche Verbindung zum »Paradies« auf der anderen Seite der Querachse. Und noch ein ganzes Stück weiter, am anderen Ende des »Inneren Gartens«, passiert das Auge die Schlossgartenmauer durch ein Mondtor. Es stellt, wie Baron Süsskind es formuliert, einen »geografischen Durchstich durch den Himalaya« dar, und das ist nicht nur symbolisch zu verstehen. Eine chinesische Brücke, japanische Steinlampen: Hinter dem Mondtor beginnt ganz offensichtlich der Ferne Osten im gärtnerischen Sinne.

Es kam nämlich der Tag, da war dem Schlossherrn der Privatgarten nicht mehr groß genug für seine Ideen und für seinen Schaffensdrang. Er blieb nicht einmal an Land, sondern arbeitete sich in den Schlossweiher vor. Der existiert seit 1100, in seiner jetzigen Form und Größe von sechs Hektar aber erst seit 1959. An seinem Ufer legte Baron Süsskind Inseln an, wie eine Kette aus verschiedenen Perlen. Vom Festland führt eine Laubenbrücke in Monet-Grün auf die »Herzinsel«. Weiter geht es über die »Blaue Brücke« zum »Drachen« – eine längliche Insel bepflanzt mit Rhododendren. Der »Drache« begrüßt die Besucher mit seinem scharlachroten Maul aus der Sorte 'Scarlet Wonder', mit gelbblühenden Berberitzen-Augen und Latschenkiefer-Kamm. Ein starker Frost hatte einmal allen Pflanzen am Drachenkopf (fast) das Leben gekostet, was den Baron zur Verzweiflung brachte. Doch die Gehölze »halfen sich selbst«. Sie trieben wieder aus und sind in der Folge kahl bis in Hüfthöhe, was sie noch urwüchsiger und drachenmäßiger erscheinen lässt. Den Drachenkörper komponierte Baron Süsskind von unten nach oben aus Rhododendren in Dunkelviolett, Dunkelrot, Rosa und Weiß, den Schwanz aus gelben Rhododendren und rot-orangen Azaleen, letztere auch der Herbstfärbung wegen. Dicht an dicht stehen die Gewächse, für das feuchte Kleinklima, das diese Pflanzenart bevorzugt. »Lush planting«, nennt der Baron diesen Trick, den er aus England mitbrachte, wo er sich jedes Jahr Anregungen holt und sogar schon in Hidcote gearbeitet hat, um ein noch besserer Gärtner zu werden.

Vom Drachen führt die »Rote Brücke« an Land. Und an die »Grenze« zwischen China und Japan. Geradeaus gelangt man an einen Bach. Von den Yin-und-Yang-Steinen am Quellteich um eine Splittinsel fließt das Wasser durch eine nach dem chinesischen Prinzip gebildete Kunstlandschaft über einen Wasserfall in den japanischen, der Natur nachempfundenen Teil, wo die Steine im Bach wirken, als wären sie freigespült und nicht von Menschenhand gesetzt worden – der Baron kennt die Gesetzmäßigkeiten und Symbolik der fernöstlichen Gestaltungsphilosophien auswendig.

Ebenso die Namen der Gehölze am Ufersaum des Weihers (dreierlei *Cornus*) und die der drei Ebenen der *Hemerocallis*-Bucht: Kamzan-Kirsche, *Kolkwitzia* und Perlmuttstrauch in der ersten, Zieräpfel und ein Ginkgo, laut Goethe der »Glücksbaum der Deutschen«, in der zweiten. In der dritten Ebene am Wasserrand steht eine große Schirm-Magnolie. Zwischen Ufer und Bach führen Sandsteinstufen hinauf zum »Nymphenteich« mit Taufbecken. Die Pappeln trug Baron Süsskinds Vater 1920 im Rucksack daher und pflanzte einen Halbkreis, der heute zum Kreis komplettiert ist. Durch einen Sumpf geht es auf den »Germanischen Begräbnishügel« mit dem »Thingplatz«, also einem Platz für die Volks- und Gerichtsversammlungen der Germanen. Der Steinkreis mit Richtstein steht für den Übergang vom Jäger und Sammler zum Ackerbauern: Damit konnte der höchste Sonnenstand ermittelt und somit ein Kalender erstellt werden – die Grundlage für den Anbau von Feldfrüchten. Hier blüht im Verborgenen eine Alraune.

1 | Der verborgene Schrein im raschelnden Gräserwald: Ein langer »Korridor« aus Bambus *(Phyllostachys bissetii)* führt über die »Bambusinsel« zu einem Buddha. Weder Gary Rogers' Kamera noch der Besucherstrom scheinen ihn in seiner Meditation zu stören. Ob er wohl über den Garten nachdenkt?

2 | Die »Blaue Brücke« verdankt ihren Namen dem Bewuchs mit Katzenminze *(Nepeta)*. Zusammen mit den beiden dahinter stehenden Urweltmammutbäumen *(Metasequoia glyptostroboides)* bildet sie einen Rahmen für die Sumpfzypressen *(Taxodium distichum)*, jede davon auf ihrem eigenen Inselchen.

3 | Die Sumpfzypressen inmitten von dreitausend im Juni blühenden Seerosen. »Archaisch« findet der Baron diesen Anblick und ist stolz darauf, dass die Gehölze bereits »Atemknie« bilden. Alligatoren wurden (leider) noch keine gesichtet, dafür Biber. Die Sumpfzypressen müssen nun mit einem Schutz aus Maschendraht leben.

1 | Das graulaubige Beet im Privatgarten Richtung Süden wird im Sommer beherrscht von Strohblumen *(Helichrysum,* im Vordergrund*)*, Gräsern und den rekordverdächtigen Kandelaber-Königskerzen *(Verbascum olympicum)*.

| Aus den Quellen in allen vier Himmelsrichtungen fließt das Wasser zum »Fluss des Lebens« um den »Turm zu Babel« im »Persischen Garten«. Auf dem Turm wächst Wolfsmilch; entlang der Wassertreppe eine Goldkolbensammlung *(Ligularia* x *hessei, L. stenocephala* 'Weihenstephan', *L. dentata* 'Desdemona' und *L. przewalskii)*.

| Im »Zen-Garten« stehen drei Steine für die drei Berge, der flache Kegel symbolisch für den Fujiyama, die gebogene Schlangenhautkiefer für Alter und Weisheit.

Robert Freiherr von Süsskind und Sabine Freifrau von Süsskind mit Nellie. Noch eine Leidenschaft: Insgesamt sechs Airedaleterrier leben auf Schloss Dennenlohe.

Eine Sammlung von Biotoptypen

Vom Festland führt ein Pfad in den »Moosgarten«, von dessen Ende man die Freitreppe des Lustgartens zum See und den daneben liegenden Wasserfall im Blick hat. Der »Moosweg« führt auf die »Moorinsel« mit kleinstblättrigen Rhododendren, Sonnentau, Fettblatt, Köcher- und Venusfalle, »schwebenden« Birken und dem »Astilbental«. Weiter geht es auf einem Bohlenweg zum »Ginsterhang« und über Solnhoferplatten auf die »Steinerne Brücke«. Von hier hat man einen Überblick über den chinesisch-japanischen Bachlauf, der nahebei in den Weiher – das »Meer« – mündet.

Die »Steinerne Brücke« führt zur »Birkeninsel«, von der aus man die »Theaterinsel« erreicht. Ihr Name ist Programm: Am Festland liegt die Arena für 1500 Besucher. Es folgt die »Wilde Insel« mit dem »Dennenloher Pilzweg« und der Magnoliensammlung auf der Insel sowie vis á vis auf dem gegenüberliegenden Hang. Das japanische Shoji-Tor mit Hängebrücke leitet auf die »Bambusinsel«, »Schwebende Steine« zur »Tempelinsel« und eine Brücke ans Ufer mit der »Kakteenwüste« in den Landschaftspark. Ein Schilfweg lenkt zum »Wassergarten« und »Moor« mit 17 Inseln. Zurück geht es durch Irische Heide am »Wurzelweiher«. Fehlen noch der »Catalpa-Hain«, die »Wellengärten«, der »Honigbaum-Hain« *(Sophora japonica)* um ein ovales Wasserbassin, der »Irisweg«, die gigantischen Agaven und der »Goldregenweg«. Wem das nicht reicht: Sämtliche Biotoptypen des fränkischen Raums sind im Entstehen, von der Fettmagerwiese bis zum Trockenrasen. Außerdem ein »Rosenberg« mit »Rosenschlucht«.

Baron Süsskind wünscht sich mehr Schlossgärten mit dem Format des seinigen im Fränkischen und überhaupt im Bayerischen: Das zöge mehr Gartenreisende an. Und auf Besucher hat er es abgesehen. Nicht nur des Geldes (für neue Gartenprojekte!) wegen, sondern weil er ganz offensichtlich nicht müde wird, über seinen Garten und seine Ideen zu reden, und er lässt es sich auch nicht nehmen, persönlich zu führen. Gönnen Sie sich diesen Genuss!

GARTEN–STECKBRIEF

Adresse und Öffnungszeiten:
Robert Freiherr von Süsskind und Sabine Freifrau von Süsskind, Schloss Dennenlohe, 91743 Unterschwaningen, Tel. 09836/96888. Öffnungszeiten auf der Homepage www.dennenlohe.de.

Größe:
12 Hektar.

Charakter:
Seit 1980 gestaltet Robert Freiherr von Süsskind das Gelände. Der alte Schlossgarten blieb Privatgarten (bei Führungen und Gartentagen zu besichtigen). Rhododendronpark mit Inseln und asiatischer Prägung. Derzeit entsteht der Landschaftspark mit Kultur- und Wildlandschaften.

JOSEF MÜLLER, OBERWIESENBACH

Eine der besten Schulen des Lebens

Die Pracht des männlichen Barocks

Im hügeligen Bauernland mitten in Bayerisch-Schwaben liegt das Refugium von Josef Müller, ein romantisches Haus, klein und putzig. Die im Vorhöfchen wachsenden Hortensien, Springkraut sowie Lorbeer und Fuchsien im Kübel wirken in der Relation voller Kraft und Aufwärtsstreben. Keine Zeit zum Staunen, der Mann mit Hut verschwindet um die Ecke. Dort wird alles noch größer. Im Waldgarten zwischen hohen Farnen und Ilex, Rhododendron und einer riesigen Rispen-Hortensie träumt ein Tümpel unter seiner Decke aus Entengrütze. Weiter geht es, heraus aus dem Schatten ans Licht, in »das Reich des Wassers«, einer langen Gräserlichtung, wo man sich in der Abendsonne nicht einmal über eine dahinschwebende Elfe wundern würde. Ein Bach fließt vorbei, im Frühjahr blühen weiße Narzissen zwischen gelben Sumpfdotterblumen. Manchmal kommt das Wasser in dieses Überschwemmungsgebiet, aber das ist eine andere Geschichte (ab Seite 122).

Vorhergehende Doppelseite:
Großes Bild: Mannshohe Astern, Sonnenhut und Sonnenblumen bestimmen die spätsommerlichen Staudenbeete und lassen einen selbst ganz klein erscheinen – typisch für die kraftvolle und prächtige Atmosphäre der Gärten von Josef Müller.
Kleines Bild: Die versteckten Stühle laden zum Bewundern des »Steingartenhügels« ein, dessen Bereich durch den Holzzaun von der Heuwiese abgetrennt wird.

Hinter den Königskerzen (den »Wappenblumen des Gartens«) schmiegt sich die Heuwiese in ein sanftes Tal. Bislang stand sie im Dienst der Landwirtschaft, geht aber dieses Jahr in Rente. Mit Müllerschen Akzenten: Zwiebelblumen, Wiesensalbei und vielleicht auch einheimische Orchideen sollen behutsam integriert werden.

2 | »Das Gartenvirus ist nicht tödlich«, sagt Josef Müller, »aber es geht auch nicht weg.« Ebenso wenig, wie die Lust am Lesen, was ihm den Spitznamen »Lektor« einbrachte. Mindestens so wichtig wie ein aufgeräumter Garten sind ihm die Mußestunden darin. Am liebsten mit Familie und Freunden, die ihm oft zur Hand gehen.

3 | An zwei Seiten des Teichufers setzt sich die sinnenfreudige Gestaltung fort: Herbst-Astern, Chrysanthemen, Rohrkolben und Chinaschilf ragen in die Höhe. Von einem Sitzplatz ausgehend bleibt die Sichtachse über den »Steingartenhügel« frei.

Weiter geht's. Treppen führen hinauf. Ein kleiner Buddha meditiert mit strenger Miene am Hang im »Heiligen Buddhawald«. Hinter dem »Eibengrund« wird des »Lektors« Eile klar: Das alles war nur Prolog. Auf dem Hügelrücken erstreckt sich eine 110 Meter lange, formale Sichtachse. Üppig englisch wird einem da zumute, bis der Zwiebelturm der Oberwiesenbacher Barockkirche am Hügel gegenüber die geografischen Gefühle gerade rückt. Rechts und links der Achse verlaufen parallele Wege. Der eine ist momentan reichlich zugewuchert mit riesigem Phlox, Gräsern, Schmuckkörbchen und Alten Rosen. Weniger überbordend zeigt sich indessen der andere, der mit Buchshecken und Säuleneiben betonte »Winterweg«. Zu Weihnachten werden hier die ersten Schneeglöckchen gesucht, später blühen, schon »ein kleiner Kult«, reichlich Krokusse.

Hinter einem Holztor bleibt es üppig – in asiatischer Variante: Ein Wasserbecken, eine Steinlaterne, ein »Trockenbach« mit Steinbrücke und dicker Bambus begleiten zum Teehaus. Noch ein Buddha, und dieser lacht vergnügt. Ihm gefällt es wohl, dass der »Bambushain« das Teehaus einnimmt. Josef Müller sieht das eher philosophisch: einerseits interessant, andererseits nicht schön. »Der Garten«, meint er, »ist eine Lebensschule. Man muss aushalten lernen, auch einmal nichts tun zu können.« Darin, so scheint es, ist er mit seiner Gelassenheit schon ziemlich gut.

Über Treppen geht es abwärts in ein von Hecken gefasstes Gärtchen mit Salat und Grünkohl, Beeren zum Naschen, Alten Rosen und einigen Kräutern. »Kein echter Gemüsegarten«, kommentiert der »Lektor«, doch es könnte ein echter werden, wenn er in Rente geht. Fehlen darf Nützliches schon jetzt nicht, das Gelände gehört schließlich zum Bauernhof des Bruders. Ein gemähter Pfad leitet über die Heuwiese im sanften Tal zum lichten »Südwäldchen« mit Gehölzen und schattenverträglichen Stauden. Es entstand nach einem Besuch in Philipp Huthmanns Garten (Seite 134), von dem Josef Müller sich begeistern ließ, gelang hier jedoch nicht ganz so exotisch, denn der »Südwald« liegt oft mitten im Kaltluftsee.

Schließlich ragt der »Steingartenhügel« in spätsommerlicher Fülle auf. Er muss, so der Gartenherr, erklommen werden, was gerade nicht so einfach ist, weil Pflanzen sich lässig in den Weg lehnen. Hinter der Felsenlandschaft liegt der große Teich. Von seinem Ufer blickt man zurück über Steingarten, Heuwiese und »Südwäldchen« in die Landschaft. Wenn er dort im Abendlicht sitzt, fühlt sich der bodenständige Josef Müller schon recht »prinzenhaft«. Wenn das ein prinzlicher Garten ist, wie sieht dann erst der königliche aus?

 25 GARTEN-STECKBRIEF

Adresse und Öffnungszeiten:
»Lektors Garten«, Josef Müller, Ringweg 9, 86519 Oberwiesenbach, Tel. 0176/24838473. Ein Besuch ist nach telefonischer Absprache möglich.

Größe:
10 000 Quadratmeter inklusive Naturflächen; davon etwa 6 000 Quadratmeter gestalteter Garten.

Charakter:
Ein Ende der Siebziger begonnener ländlicher Garten mit langen Achsen und kraftvoller Bepflanzung durch hohe Bauerngartenblumen. Eingestreutes Obst, Gemüse, Kräuter, viele Alte Rosen; waldartige Gartenteile, Teiche, ein asiatisches Teehaus, ein Steingarten und eine Heuwiese.

GARTEN MÜLLER

HEIDI UND HELMUT SCHINDLBECK, OBERWIESENBACH

Die tausend Nuancen der Farbe Grün

Das tropische Bayerisch-Schwaben

Die geisterhaft weiß berindeten Himbeerruten am Bachufer prophezeien schon, dass es hinter dem dichten Gesträuch mit dem ländlichen Bayerisch-Schwaben ein Ende haben könnte. In der Tat. Am Haus sowie der zum Sommerwohnzimmer und Kübelpflanzenwinterquartier umgebauten Scheune vorbei begleiten großblättrige Funkien den Weg. Ein buntlaubiges Wäldchen liegt voraus. Darin noch mehr Funkien und, im sanft kuppig modellierten Gelände, ein Gewässer. Eigentlich ist es gar nicht mal so warm. Und doch wird einem seltsam tropisch zumute.

Vor gut einem Vierteljahrhundert sah dieses Fleckchen Erde noch ganz anders aus. Heidi und Helmut Schindlbeck waren auf der Suche nach einem alten Haus zum Renovieren. Hier fanden sie es, in »bemitleidenswertem Zustand«, dahinter eine brach liegende, sonnenbeschienene Wiese mit einer Fichte. Helmut Schindlbeck gehört zu den Menschen, die wissen, was sie wollen, auch wenn das Ziel nicht gleich zu erreichen ist. In diesem Fall sollte es ein Schattengarten sein, und zwar mit dschungelartiger Atmosphäre. Also waren erst einmal Bäume wichtig. Und was für welche! Klar gibt es im Oberwiesenbacher Garten auch Stauden, Funkien, vor allem, Ligularien und Taglilien, doch wo sich die Sonne rar macht, sind ausgesuchte Gehölze die vorherrschenden Lichtblicke.

Panaschierte Raritäten haben es dem Hausherrn ganz besonders angetan, je verrückter, desto lieber. Die Rot-Buche *Fagus sylvatica* 'Franken' stellt er am »Waldrand« vor. Ihrem deutschen Namen zum Trotz schmückt sie sich mit weiß marmoriertem Laub. Nicht weit davon steht der Berg-Ahorn *Acer pseudoplatanus* 'Esk Sunset', der früher 'Eskimo Sunset' hieß und dessen Blätter unterseits purpurfarben sind, oberseits dagegen dunkelgrün mit großen weißen und hellrosa Flecken. Fündig werden die Schindlbecks in den Niederlanden und in England, die sie jährlich abwechselnd bereisen. Rarität zu sein, heißt für ein Gehölz aber noch lange nicht, dass es auch ins Schwäbische umziehen darf: »Die Pflanze muss auch von ihrer Ästhetik her in den Garten passen«.

Zuweilen entdeckt der anspruchsvolle Sammler etwas ihm bislang noch Unbekanntes, wie die Eichenblättrige Hortensie *Hydrangea quercifolia* 'Little Honey', die ihm eines Tages zufällig in Wisley Gardens, dem Vorzeige-Garten der Royal Horticultural Society, im Weg stand. Der lang und weiß blühende Strauch mit dem gelbgrünen Austrieb und dem leuchtend roten Herbstlaub ist nun ein großer Liebling. Nach anderen Gewächsen fahndete er jahrelang, wie nach der Weiß-Pappel *Populus alba* 'Richardii' mit ihrem oben pastellgelben und unten weißen Laub. Um den goldblättrigen Kanadischen Judasbaum *Cercis canadensis* 'Melon Beauty' musste er sogar »kämpfen«. »Das Gehölz ist unverkäuflich«, sagte der

Baumschuler. Helmut Schindlbeck hatte darauf nur eine Antwort: »Ohne die Pflanze gehe ich hier aber nicht weg.« Nach stundenlangem Hin und Her gab der Baumschuler entnervt auf.

Nicht, dass hier beliebig viel Platz wäre: Rund 1 400 Quadratmeter ist das Areal groß, und gerade bleibt der Raritätensammler nachdenklich vor einem jungen Berg-Ahorn *Acer platanoides* 'Golden Globe' stehen, für den er »verzweifelt« einen Standort sucht. Es vergeht kein Tag, an dem nicht mindestens eine Pflanze umgesetzt wird, und heute ist es eine Funkie. Überhaupt: die Funkien! Über 300 bevölkern den Garten. Moment! Schatten und Halbschatten, ein Teich, der Bach am Grundstückrand – und doch sehen die Funkien selbst im September noch recht passabel aus. Werden die Schindlbecks etwa von der großen Gärtnerplage, den Schnecken, verschont? Werden sie nicht. Durch ständige Überwachung hat Helmut Schindlbeck die Invasion im Griff. Gegen ein anderes Unbill kommt jedoch nicht einmal er an: Die Verlängerung des Grundstücks am Bach entlang ist die Narzissenwiese des Nachbarn Josef Müller (Seite 120) – ein Überschwemmungsgebiet. 2002, im Jahr der großen Elbeflut, kam das Wasser auch hier. Kniehoch stand es im Garten und lief über die vier mit Buchs gefassten Beete ebenso hoch bis in das Sommerwohnzimmer hinein.

Die Buchsbeete bilden das Kontrastprogramm von Heidi Schindlbeck zum naturhaften und dichten Dschungelprojekt ihres Ehemanns: Sie liebt es formal. Ihr ursprünglicher Plan war, ein Beet weiß, eins blau, eins gelb und eins schwarzrot blühend zu bepflanzen. Dann tauchte im weißen Karree Rot auf und der Rittersporn blühte zu kurz. Momentan wachsen darin auch Gehölze, doch möglicherweise entsteht stattdessen bald ein Knotengarten, wie der von Rosemary Verey im Garten von Barnsley House.

---

1 | Der Sitzplatz neben dem Wintergarten kommt mit Flechtsonnenschirm auch reichlich exotisch daher. Dahinter, in der Bildmitte, ein Baumfarn (*Dicksonia antarctica*). Er ist in Australien und Tasmanien heimisch und muss in Bayerisch-Schwaben für die kalte Jahreszeit in den Wintergarten umziehen. Seit seinen Fernreisen ist Helmut Schindlbeck »ganz verliebt« in diese Pflanzen.

2 | Die Augen reiben und dreimal kräftig gezwickt – nein, wir sind in Oberwiesenbach und nicht in den Tropen. Das Riesenlaub des Schildblatts (*Darmera peltata*) täuscht! Den Pavillon brachte das Reportageteam einer Zeitschrift vor 15 Jahren zur Ausschmückung des Gartens mit. Schindlbecks fanden, als Entschädigung für eine Woche Fotostress könnte es doch zu einem Freundschaftspreis bleiben. Es blieb.

Vorhergehende Doppelseite:
Großes Bild: Ein Platz für Schattenanbeter. Vorne links die Riesen-Funkie 'Sagae', eine alte Sorte. Bei Umfragen der amerikanischen Hosta Society, quasi die Wahl zur »Miss Hosta«, landet sie stets auf den vordersten Plätzen. Darüber die goldblättrige Kastanie 'Hampton Court Gold'. Hinter dem Zaun liegt die Überschwemmungswiese des Nachbarn. **Kleines Bild:** Die gerade herbstschöne Rispen-Hortensie 'Vanilla Fraise' ist eine neue Sorte, die der Raritätenjäger erst kürzlich entdeckte.

Details aus aller Gärten Länder

Für seinen Dschungel um den Teich hat Helmut Schindlbeck derzeit auch noch einen Plan im Hinterkopf. Im Schatten der buntblättrigen Laubgehölze möchte er auf dem sanft modellierten Erdboden gern eine grüne Moosdecke ansiedeln, und das kann man sich hier sofort auf das Schönste vorstellen. Aus dem Schatten geht es in das Licht. Während die Gedanken noch dem asiatisch angehauchten Vorhaben nachhängen, stellt sich unversehens ein bislang getarntes Gebäude in den Pfad. Bis 2007 stand an diesem Fleck noch eine alte Garage mit Flachdach, auf dem sich schon eine 30 Zentimeter hohe »Landschaft« gebildet hatte. Dem Druck hat das Dach irgendwann nicht mehr standhalten können und brach ein. Heidi Schindlbeck verwandelte die teils stehen gebliebene Ruine in ein »französisches Lustschlösschen«. Sehr romantisch, und noch mit einer Terrasse dazu, die – wen wundert's – eigentlich ein Topfgarten ist. Hier hortet Helmut Schindlbeck allerhand Schätze, unter anderem die kleinste aller Funkien: 'Pandora's Box', ein maximal fünf Zentimeter hohes Pflänzchen mit cremeweißen, breit graugrün gerandetem Laub.

26 GARTEN–STECKBRIEF

Adresse und Öffnungszeiten:
Heidi und Helmut Schindlbeck, Ringweg 13, 86519 Oberwiesenbach, Tel. 08283/1222. Besuch des Gartens nach telefonischer Absprache.

Größe:
1 400 Quadratmeter.

Charakter:
Ab 1983 wurde das Grundstück mit Gehölzen bepflanzt, um einen Schattengarten zu erreichen. Daraus entstand eine reife Gestaltung in tropischer Atmosphäre, mit vielen Funkien und Blattschmuckstauden. Ein Wäldchen in Layertechnik, ein Teich, vier formale, buchsgerahmte Beete, ein »französisches Lustschlösschen« und viele Topfgewächse.

1 | Helmut Schindlbeck bereiste früher »alle Dschungelregionen dieser Erde«. Die Faszination für die tropische Atmosphäre hat er behalten und gestaltet seinen Garten nach den Erinnerungen daran, vornehmlich mit Blattschmuckpflanzen.

2 | In Heidi Schindlbecks Buchskarrees vor dem »Sommerwohnzimmer« zogen zwischen den Stauden Gehölze ein – sozusagen der »Überlauf« für manches, was gerade keinen Platz fand. Rechts das »französische Lustschlösschen«. Die großen Gehölze dahinter gehören zum Garten des Nachbarn Josef Müller (Seite 120).

3 | Auch wenn keine Schilder dranstehen: Der Funkienfan kennt den Namen jeder Sorte. Die Blattschmuckstauden bereiten zwar ein relativ kurzes Vergnügen, denn ab September verabschieden sie sich bereits aus dem Gartenjahr. Dafür schaffen sie eine enorm satte Tropenatmosphäre in Sammelfieber auslösender Vielfalt.

4 | Die Oberwiesenbacher trauten ihren Augen nicht: Während sie sich am Sonntag auf dem Weg in die Kirche und zurück befanden, stand Helmut Schindlbeck im Bach am Grundstücksrand und pflanzte. Mit attraktivem Ergebnis, wie man sieht.

An die Gestaltung des Gartens nach im Vorfeld gezeichneten Konzepten glaubt Helmut Schindlbeck nicht. Erstens findet er das direkte Ausprobieren spannender, zweitens merkt man schließlich erst in der Praxis, dass manche Farben gar nicht wirklich zueinander passen oder die Dimensionen nicht richtig eingeschätzt worden sind. Die hat er allerdings absolut im Griff. Während anderenorts die Gärtner ihre Winterpause als solche entweder genießen oder über der Ereignislosigkeit im Freien verzweifeln, turnt Helmut Schindlbeck mit einer Astsäge über und in dem Wäldchen herum. Nach englischem Vorbild schneidet er die Kronen in »Layer«, in Etagen also, die sozusagen als Kulisse in ihren unterschiedlichen Strukturen und Schattierungen von der ehemaligen Scheune aus gesehen harmonisch übereinander liegen. »Durch die dichtere Pflanzung gewinnt man viel Raum«, ist der Individualist überzeugt. »Jede Etage hat einen eigenen Charakter.« Hier beherrscht jemand die buchstäblich hohe Kunst der Gartengestaltung, und er wird sie weiter perfektionieren. Helmut Schindlbeck wünscht sich, dass er eines schönen Tages in seinem 95. Lebensjahr (oder später) mit der Säge in der Hand von der Leiter zwischen seine Funkien zu Tode stürzt. Sicher eines der schönsten Enden, die ein passionierter Gärtner finden kann.

GARTEN SCHINDLBECK 127

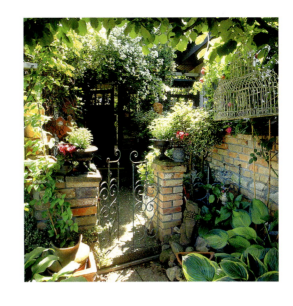

GUNDI UND HANS SCHWARZMANN, WALPERTSHOFEN

Beim vierten Anlauf siegt die Rose

»Mein Garten ist mein Herz«

Man sollte nicht meinen, dass Gundi Schwarzmann früher nichts für Rosen übrig hatte. Die ihr damals bekannten roten Beetexemplare passten ihr weder von der Farbe noch von ihrer Stacheligkeit her. Da die ansteckend begeisterte Hobbygärtnerin überaus romantisch ist, war es allerdings nur eine Frage der Zeit, bis sich das Grundstück in einen Rosentraum verwandelte – wenngleich erst beim vierten Anlauf. 1980 fing alles mit einem Rasen, einem Sandkasten, drei Fichten und einem Schwimmbad an. Die Hausherrin pflanzte, was ihr gefiel, »natürlich viel zu eng«, zudem auf dichtem Boden, mit dem viele Arten nicht zurechtkamen, ebenso wie etliche Spaten. Innerhalb von sieben Jahren gestaltete sie den Garten zweimal komplett wieder um. Erwähnenswert aus dieser Phase ist der naturnahe Teich, der 1984 die Stelle des Sandkastens einnahm – als sonst noch kaum jemand an »Biotope« dachte.

Die entscheidende Wende kam mit einer Zäsur: Die Schwarzmanns vermieteten das Haus und zogen, berufsbedingt, für vier Jahre nach Alabama. Der Garten verwilderte, das Schwimmbad vermatschte. 1991 kam die Familie zurück. In ihrem Kielwasser folgten die Rosen: Gundi Schwarzmann fing ein viertes Mal von vorne an und entdeckte die nostalgischen Austin-Sorten. Als Sensation ihres »neuen« Gartens präsentieren sich jedoch die Hochstämme. Etwa zehn Jahre sind sie alt und haben eine Höhe von 180, manche sogar 200 Zentimetern – nur die gut armdicken Stämme, wohlgemerkt. Auch auf Rambler will die Walpertshofenerin nicht mehr verzichten, die zu dritt ('Excelsa', 'Amethyst' und 'Seagull') das Dach der Doppelgarage komplett überwachsen und Zypresse ('Wedding Day'), Zierkirsche ('Félicité et Perpétue') sowie die 'Bühler Zwetschge' ('Russeliana', 'Félicité et Perpétue', 'Paul's Himalayan Musk') als Klettergerüst in Anspruch nehmen.

Kaum etwas ist der Gartenherrin lieber, als Besucher durch ihr grünes Reich zu führen. In drei Zimmer, so sagt sie, hat sie es aufgeteilt, doch eigentlich sind es vier, denn schon die Einfahrt zeigt sich als »Empfangssaal«. Dort klärt die heute versierte Pflanzenfreundin gleich einige Grundsatzfragen. »Achtet bei Rosen auf die Sorten«, predigt sie unter anderem. »Hätte ich das alles früher gewusst, mir wäre vieles erspart geblieben.« Mit den Englischen Rosen, denen weder das oberschwäbische Klima auf 600 Meter Höhe noch der Boden bekommt, kennt sie kein Erbarmen: »Die kommen weg!« Statt dessen ist sie nun auf dem »Hortensientrip«.

Hauptakteur des ersten Gartenzimmers ist der Teich. Eigentlich sind es zwei. Doch als der erste erweitert werden sollte, ließen sich die beiden Folien nicht miteinander verbinden. Ein Steg und eine Bogenbrücke auf der Grenze lassen sie nun als Einheit erscheinen und führen außerdem auf die »Seeterrasse«. Hier macht sich

bemerkbar, dass Ehemann Hans seine Hände mit im Gartenspiel hat: Gundi Schwarzmann denkt sich etwas aus, wie das inselartige Holzdeck auf dem Teich, und er darf es bauen, was er – nach einer gewissen Bedenkzeit – perfekt realisiert. Und noch etwas fällt auf: Die Gärtnerin sammelt Bronzefiguren, die hier vornehmlich als Wasserspiele auftreten – alle mit selbst verlegten Leitungen. Besonders spektakulär ist der lebensgroße Bronze-Alligator neben der »echten« Insel mit Birke und Funkien (die hier vor Schnecken sicher sind!), eine Erinnerung an Alabama, als diese Reptilien nebst Klapperschlangen in direkter Nachbarschaft wohnten.

Gartenzimmer Nummer zwei, das »Blumenzimmer«, liegt um die Ecke. Wie überall achtet Gundi Schwarzmann darauf, dass man sich die verschiedenen Perspektiven im Sitzen erschließen kann. Hier vor allem von der Terrasse aus. Es gibt aber noch einen weiteren lauschigen Sitzplatz im »Castello«, einer Laube, die wiederum – wie die Pergola am Eingang und der Laubengang am Ausgang des »Blumenzimmers« – von Hans Schwarzmann gezimmert wurden. Ihm obliegt obendrein die Pflege des Rosenrondells um die Laterne auf dem Rasen. Schließlich hat die Hausherrin dort auf seinen Wunsch ausnahmsweise rote Rosen gepflanzt. An der Seite des Grundstücks führt der völlig überwachsene Laubengang durch ein weißes Holztörchen an einem Rosenbogen auf einen Acker. Wer nachschaut, weiß warum: Ein weiter Blick über die Landschaft tut sich auf, im Hintergrund die Schwäbische Alb.

1 | Bereits am Eingang in das Gartenreich zeigt sich die Liebe der Hausherrin zu üppigen Rosengirlanden. Jeder Kletterrose stellt sie mindestens zwei, meist aber sogar drei Clematis zur Seite, damit das Ensemble sich noch romantischer verwebt.

2 | Das »Klosterhöfle« mauerte Gundi Schwarzmann aus über tausend 200 Jahre alten Backsteinen, die sie von einem alten Gehöft neben einem Kloster selbst mit Brechstange und Meißel abgebrochen hatte. Der Gatte durfte nur den Mörtel rühren.

3 | Das »Castello«, die Laube am Rande des »Blumenzimmers«, schreinerte der Hausherr nach Entwürfen seiner Ehefrau selbst. Damit das prächtige Funkienlaub nicht in den Mägen der gefäßigen Schnecken endet, reibt Gundi Schwarzmann einen Streifen Schmierseife oder Vaseline auf die Seite der Pflanzgefäße.

Vorhergehende Doppelseite:
Großes Bild: »Märchenhaft« findet die Gärtnerin die Atmosphäre rund um den Teich. Wie überall auf diesem Grundstück platziert sie ihre Bronzefiguren so, dass sie stets miteinander im Dialog stehen. **Kleines Bild:** Stilgerecht verlassen Besucher den Garten durch ein schmiedeeisernes Törchen hinter dem »Klosterhöfle«.

GARTEN–STECKBRIEF

Adresse und Öffnungszeiten:
Gundi und Hans Schwarzmann, Bussenweg 21, 88487 Walpertshofen, Tel. 07353/91495. Der Besuch ist nach telefonischer Absprache möglich.

Größe:
550 Quadratmeter.

Charakter:
Der Garten wurde von 1980 an vier Mal neu gestaltet. In seiner derzeitigen Form existiert er seit zehn Jahren. Der Schwerpunkt liegt auf Rosen. Zahlreiche Rambler besonders ungewöhnlich sind jedoch die Hochstammrosen mit bis zu zwei Metern Stammhöhe. Ein Teichgarten mit »Seeterrasse« und Birkeninsel, ein »Blumenzimmer«, ein Raum mit formalem Teich. Viele Bronzefiguren und selbst gebaute Elemente.

Das Geheimnis der »Donauwelle«

Zurück im »Blumenzimmer« biegt man auf die andere Seite des Hauses in den letzten, hinter einer Hecke und Rosen versteckten Gartenraum. Den formalen Teich darin versah Hans Schwarzmann kürzlich mit einer »Urlaubsinsel«: Ein Holzdeck überbrückt ihn im hinteren Drittel. Von dort kann man bequem den Bronzefiguren zusehen, die bewusst so platziert sind, dass sie sich zu »unterhalten« scheinen. Hinter dem Deck blieb ein Wasserstreifen mit Seerosen offen, sodass der Eindruck entsteht, wirklich auf einer Insel zu sein. Hier ist man ganz für sich, zumindest auf den Liegestühlen, abgeschirmt von einer oben bogig geschnittenen, formalen Hecke an der Grundstücksseite. Die »Täler« im oberen Rand geben im Stehen die Sicht auf die Landschaft frei. »Donauwelle« lautet der Name dieses Kantenschnitts, weil Hans Schwarzmann in Ulm Hobbystadtführer ist und die Donau so liebt. Was nicht die Ursache ihrer Entstehung ist: Eines Tages rutschte Gundi Schwarzmann, die alles, alles selber schneidet, und wenn sie dafür meterhoch auf die Leiter muss, die Heckenschere ein wenig ab. Na und? Wird aus der geraden Kante eben eine »Donauwelle«!

Am Ende der Tour sammeln sich die Besuchergruppen im überdachten »Klosterhöfle«. Ein Brunnen plätschert vor sich hin, mit Wasserspeiern aus Bronze – schon klar. Hier wundern sich die Gäste regelmäßig. Sie waren bei der Terminabsprache aufgefordert worden, für den Gartenrundgang mindestens zwei Stunden Zeit mitzubringen, was ihnen für gerade mal 550 Quadratmeter schon etwas sehr reichlich vorkam. Stattdessen sind oft locker drei Stunden ins Land gegangen. Es gibt eben so viel zu erzählen!

1 | Der Hauptgartenraum, das »Blumenzimmer«, war einmal als »Rosenzimmer« gedacht und ausgeführt. Inzwischen stehen die geschwungenen Rabatten am Rand des Rasens längst den in großer Menge und Vielfalt eingezogenen Stauden offen.

2 | Die Teichlandschaft mit der »Seeterrasse« hat im Sommer etwas dschungelartiges. Im Frühjahr dagegen fühlt man sich hier, der in allen Farben blühenden Rhododendren und Azaleen sowie der Ahorne wegen, ein wenig asiatisch.

3 | Das Fenster zur »Urlaubsinsel«: Aus dem ehemaligen Schwimmbad ist heute ein formaler Teich geworden, der im hinteren Teil von einem Holzdeck überbrückt wird. Dieses verlegte der Hausherr auf Autobahnleitplanken vom Schrottplatz.

4 | Mit ihrem Gartenmotto hält es Gundi Schwarzmann gern mit Hermann Fürst von Pückler-Muskau, der seinerzeit formulierte: »Wer mich ganz kennenlernen will, muss meinen Garten kennen, denn mein Garten ist mein Herz.«

PHILIPP HUTHMANN, ERKHEIM

Boden und Klima im Griff

Im Garten der törichten Tugenden

»Dies ist der schlechteste Ort, um einen Garten anzulegen«, sagt Philipp Huthmann zur Begrüßung und zählt an den Fingern auf: »Es wird bis minus 32 Grad kalt. Der Daxberg ist sehr trocken, hier regnet es kaum. Bei 15 Zentimetern Tiefe treffe ich mit dem Spaten auf Günz-Eiszeit-Schotter. Oft weht ein extremer Wind.« Warum tut er sich das an? Als Therapie gegen den Beruf mit langen Nachtschichten: Der Chirurg brauchte die Natur und die Herausforderung. An jedem freien Tag schleppte er von Waldarbeitern abgeschälte Rinde heran, etwa 1100 Kubikmeter insgesamt, bis sie den Boden 15 bis 20 Zentimeter dick abdeckte. Das war seine Basis.

Die »Empfangshalle«, ein längliches Rasenstück, bietet eine Aussicht auf die Alpen. Dafür hat Philipp Huthmann gerade keinen Sinn. »Japanmispel«, sagt er im Vorbeigehen. »Nashi. Kaki. Mir ist wichtig, dass es etwas zum Naschen gibt. Mit einheimischem Obst habe ich keinen Erfolg – in den Pflaumen ist die Made, und die Mirabellen holt der Eichelhäher.« Was ihm andererseits ganz Recht ist: Exoten faszinieren ihn. Wieder deutet er aus: »*Magnolia campelli* (Himalaya-Magnolie). Jojoba. Sassafras.« Die Arten aus fernen Ländern durchlaufen bei ihm eine mehrstufige Testphase: Den ersten Winter verbringen die empfindlichsten in einem frostfreien Gewächshaus. Härtere kommen direkt in das zweite Gewächshaus bei plus eins bis minus fünf Grad C, noch härtere ins dritte bis minus 14 Grad C. Winter für Winter rücken die Gewächse eine Kältestufe weiter. Was die dritte Stufe überlebt, wird ausgepflanzt. Und siehe da: Vieles ist frosthärter als sein Ruf.

»*Celtis sinensis* (Zürgelbaum). *Davidia involucrata* (Taschentuchbaum). *Cercis* (Judasbaum).« Es geht abwärts zu einer Rasenterrasse mit geschickt gesetzten Findlingen. Als Philipp Huthmann seine Pflanzenjagd begann, arbeitete er sich zuerst durch die wenigen erhältlichen einschlägigen Bücher. Graste Deutschland ab nach einer *Stewartia* (Scheinkamelie). Durchforstete eine englische Enzyklopädie nach der Frosthärte der Arten. Holte sich Rhododendronsamen beim Nachbarn. Sie keimten beim ersten Versuch – was ihm seither nie wieder gelang, obwohl er sonst ein erfolgreicher Aussäer ist. Über Serpentinen geht es weiter den Hang hinab. Edeltannen, Sicheltannen, Jeffrey-Kiefern – die ganze Serie hat der Hanggärtner einmal für 10 Pfennig das Stück gekauft.

»Pfeifenwinde. Kletterhortensie. Gleditsie.« Eine lichte Tür in der Gehölzewand, darin ein Stuhl mit Blick über den Südhang. Ob der Exotenfan da manchmal sitzt und ins Vorderallgäu träumt? Natürlich nicht. Er sieht den Giersch. Vielleicht nennt er sein Werk dieser Rastlosigkeit und einer Art Unersättlichkeit wegen den »Garten der törichten Tugenden«, in Anlehnung an den chinesischen »Garten des törichten Politikers« aus dem 16. Jahrhundert in Suzhou.

»*Nothofagus* (Südbuche). *Magnolia tripetala* (Schirmmagnolie). Paulownie.« Wieder bergan wird einem ziemlich dschungelartig zumute, da schwebt unvermittelt eine rote Japanbrücke (selbst gebaut) mittem im Grün. Vorbei an Eisenholzbaum, roter und gelber Zaubernuss, Schlangenhaut- und Zimtahorn, Tuffs aus Frauenschuh, der Zedernsammlung und *Trochodendron aralioides* (Radbaum) geht es aufwärts durch den Wald bis zu einer lichten Rasenterrasse. Nach all dem ist man fest davon überzeugt, Philipp Huthmann schaut bevorzugt nach oben. Da geht er neben einem Findling in die Hocke und fingert an einem winzigen Pflänzchen, das gerade erst aus dem sandigen Untergrund schaut: ein Stängelloser Enzian. »Mich freut, wenn ich extra-schwierige Pflanzen in den Griff bekomme«, meint er. Was auf extra-schwierige Standorte wohl ebenfalls zutrifft. Nur so findet dieser Gärtner sein Glück.

28 GARTEN–STECKBRIEF

Adresse und Öffnungszeiten:
Dr. Philipp Huthmann, Im Eichholz 20, 87746 Erkheim,
Tel. 08336/1805. Besuch nach telefonischer Vereinbarung.

Größe:
10 000 Quadratmeter.

Charakter:
Seit 1972 entsteht ein terrassierter Hangarten mit unzähligen Raritäten und Exoten. Am spektakulärsten zur Frühsommerblüte mit 600 Rhododendren und zur Laubfärbung im Herbst. Viele Spezialthemen, wie Schotter-, Stein- und Japangarten. Naturnah und tierfreundlich.

1 | Im Lauf der Jahrzehnte formte der Extrem-Gärtner mehrere Terrassen an den Daxberghang. Ein Rundweg führt über Rasenstücke und durch Gehölzsammlungen. Dabei fallen immer wieder »Experimente« in Töpfen auf: Nachwuchs unterschiedlicher Arten, für den zum Teil noch der passende Boden aufbereitet wird.

2 | »Ordnung und Akkuratesse des Gartens sind mir nicht wichtig«, sagt Philipp Huthmann. »Mich interessieren die verschiedenen Kulturbedingungen, die Wiedereinbürgerung von Arten nach der Eiszeit und die Geschichte der Pflanzenjäger.«

3 | Die Krötenlilie ist ein Beispiel für die vielen subtropisch anmutenden Stauden vor allem aus Fernost und Nordamerika, wie Hundszahn, Dreiblatt und Roscoen.

4 | Ein Bild von einer Landschaft: Das »Fenster« des selbst erdachten und gebauten Japanhauses rahmt den Blick hangabwärts auf eine Lichtung, wo sanfte, sorgfältig modellierte, mit Rasen bewachsene Kuppen auf einen geharkten Kiesgarten führen.

Vorhergehende Doppelseite:
Großes Bild: Geharkter Kies, Trittplatten, ein »Trockenteich« – dies sei kein japanischer Garten, so Philipp Huthmann, nur ein japanisch inspirierter. Verblüffend, wie sehr der aufrecht gesetzte Stein rechts vor dem Gebäude einem Buddha ähnelt! **Kleines Bild:** Die rote Japanbrücke führt über einen rechteckigen Teich. Dieses Foto fängt den Zauber des Raureifs ein. Im Sommer betonen Großblattpflanzen die Dschungelatmosphäre, darunter Weiße Scheinkalla, Königsfarn, Mammutblatt und Rodgersie.

JOHANNA UND WERNER MÜLLER, KAMMLACH

Eins und eins macht mehr als zwei

Parallele Landgarten-Universen

Das Gartenvirus kann ansteckend sein. Johanna und Werner Müller sind das beste Beispiel dafür – auch, wenn die Inkubationszeit recht lange währte. Die ersten Symptome zeigten sich vor gut 30 Jahren, nachdem das Paar sich im Unterallgäu einen alten Hof für das »Landleben am Wochenende« gekauft hatten, wo es seit sechs Jahren auch wohnt. Johanna Müller legte »aus Tradition« einen Bauerngarten an, vier buchsgefasste Quadrate und ein Kreiselement als Mittelpunkt. Mit dem traditionellen Bauerngarten jedoch hat er lediglich die Form und einige Pflanzenarten gemein: Nicht kunterbunt, sondern farblich harmonisch komponiert aus viel Weiß und bläulichem Rosa kommen die Beete daher, gefüllt mit Glockenblumen, Margeriten, Sterndolde und, in der Hauptsache, mit Phlox. »Es ist schon eher ein Cottagegarten«, kommentiert die Höllbergerin. Das Nützliche darf selbstredend nicht fehlen, findet aber hier woanders statt: Zwei Gemüsehochbeete

Vorhergehende Doppelseite:
Großes Bild: Um die Blütezeit zu verlängern, kombinierte Werner Müller seine Päoniensammlung mit Strauch-Pfingstrosen, die Ende April ihre Knospen öffnen, mit Riesen-Lauch, Bart-Iris und Taglilien für die Hauptblüte. Ende Mai kommt ttersporn dazu, im Juni die Pfirsichblättrige Glockenblume. **Kleines Bild:** Mit ihrer panischen Blütenform – große Schalen voller schmaler, umgebildeter Blütenblätter – ist *Paeonia lactiflora* 'Bowl of Beauty' eine der schönsten Sorten dieses Typs.

1 | Vom formalen »Cottagegarten« führt der Weg entlang des Hauses, dessen assade mit Rosen- und Birnenspalieren geschmückt ist. Der Hainbuchenbogen im Hintergrund führt zum »Weißen Garten« im Schatten von Werner Müllers Eichen.

2 | Der »Weiße Garten«, auch »Schattengarten« genannt. Unter Eichen und hneeball präsentiert sich Johanna Müllers Funkiensammlung, die auch im Herbst sichtlich etwas hermacht, sowie die Christrosensammlung »für den Winter«.

3 | Johanna Müller steckte Ehemann Werner über Päonien mit der Gartenlust an. Inzwischen selektierte er sogar einige eigene »Sorten«. Die beste darunter, ein apanischer Typ, heißt nach der Tochter: *Paeonia lactiflora* 'Fräulein Maria Müller'.

bekamen einen weniger prominenten Platz, während das Obst vom dekorativen Birnenspalier am Haus sowie von der Obstbaumwiese stammt. Zur anderen Gebäudeseite übte sich die Pflanzenkennerin meisterhaft in der hohen Kunst des Schattengartens und legte daneben noch einen weiß blühenden »Strauchgarten« an.

An dem Tag, als Johanna Müller die Pfingstrosen aus ihren Beeten verbannte, brach das Gartenfieber bei Werner Müller aus. Zwölf Jahre ist das her. »Wegwerfen geht nicht«, befand er, zäunte ein Stück der Schafweide hinter dem Haus ein und erklärte es zum »Pfingstrosengarten«. Sein Startkapital: 15 bis 20 Pflanzen, etwa 30 Jahre alt. Aus den ursprünglich zwei Beeten sind mittlerweile an die zwanzig geworden. Und da die Schafe seit fünf Jahren woanders hinzogen, entstehen außerhalb der Einfriedung neue Beete – für noch mehr Pfingstrosen. »Eine sechswöchige Blütezeit im Verhältnis zu zehn Monaten Laub, das ist schon ein großer Luxus«, räumt der Päonienspezialist ein. »Den kann man sich nur als Mann leisten.« Männer seien eben eher die Sammler. Ein Sammler ist er in der Tat: 200 Arten und Sorten stehen in seinem Garten aufgepflanzt, darunter fast alle Goldmedaillengewinner der »APS«, der »American Peony Society«, bei der er Mitglied ist.

Ebenso bei der »American Oak Society«. Eine Eichensammlung pflegt er nämlich obendrein, etwa 30 Arten, Tendenz steigend, gleichfalls auf der ehemaligen Schafweide. Dabei legt er besonderen Wert auf Herbstfärbung und mischt die Eichen daher unter anderem mit Ginkgo. Wie das Eichenwäldchen schon vermuten lässt, sind Päonien dem Pflanzensammler inzwischen längst nicht mehr genug. Zwei runde Seerosenbecken zieren den neuen Pfingstrosengarten, den man von einem eigens dafür eingerichteten, überdachten Sitzplatz nebst Terrasse bewundern kann.

Die parallelen Garten-Universen der Eheleute bestehen seit einiger Zeit nicht mehr einfach nur nebeneinander. Wo Johanna Müllers Cottage-Kompositionen enden, verbindet eine 70 Meter lange Sichtachse entlang des Grundstückrands das weibliche Reich mit dem männlichen. Vom Sitzpatz unter einem Schirmlindendach verläuft sie an den Pfingstrosen und der Rosenpergola vorbei bis an das hintere Ende. Mit magischer Anziehungskraft, sozusagen, denn hier errichtete Werner Müller einen Steinkreis aus Granitbrocken, umgeben von einem Hainbuchenheckenoktagon. Der Nachbar des »Eichenwäldchens« soll nicht die letzte Tat des Großformatgärtners bleiben: Für 2010 plant er den Bau eines 60 mal 6 Meter großen, formalen Wasserbeckens – für noch mehr Seerosen.

29 GARTEN–STECKBRIEF

Adresse und Öffnungszeiten:
Johanna und Werner Müller, Höllberg 14, 87754 Kammlach, Tel. 08336/ 1791, www.Gaerten-Hoellberg.de. Der Besuch des Gartens ist nach telefonischer Absprache möglich.

Größe:
6 000 Quadratmeter.

Charakter:
Seit gut dreißig Jahren wurden ein formaler »Cottagegarten«, ein halbschattiger »Weißer Garten« und ein »Strauchgarten« gestaltet. Seit etwa zwölf Jahren entstehen auf der angrenzenden Schafweide eine Pfingstrosensammlung, Seerosenbecken, ein Wäldchen und ein Steinkreis.

HILDEGARD WINDHOLZ, MARKT INDERSDORF

Habe ich den Garten oder hat er mich?

Im »bayerischen Cottagegarten«

»Schaut's euch dieses nette, alte Häusl an«, hört Hildegard Windholz gelegentlich von Passanten. Das freut sie. Sehr sogar, denn das Gebäude steht noch keine dreißig Jahre. Seine Atmosphäre jedoch wünschte sie sich in der Tradition der Dachauer Bauernhäuser, was offensichtlich gelang. Es ist ihr ein »persönliches Anliegen«, sich mit Schönheit zu umgeben und mit dem Garten in der ausgeräumten Kulturlandschaft eine Oase für sich und die Natur zu schaffen. Die philosophische Herangehensweise an die Gestaltung ihres individuellen Umfelds ist durchaus folgerichtig, denn als Malerin gehört es für Hildegard Windholz dazu, in Analysen und Konzepten zu denken. Ihren Garten als Konzeptkunst zu bezeichnen, wäre jedoch zu kurz gegriffen. Klar regiert hier die Lust am Komponieren mit Farben und Formen. Im gleichen Maße aber auch das Vergnügen am sinnlichen Erleben und am Spontanen: »Die Pflanzen sind tonangebend. Ich wähle die aus, die ich schön finde, die mir sympathisch sind, die mich an Menschen und Orte erinnern und die ich wie Freunde um mich haben möchte.«

Ein Gegenentwurf zum damals verbreiteten »spießigen und geschleckten Koniferengarten« sollte um das Haus entstehen, ähnlich den Bauerngärten ihrer Kindheit, aber weniger für den praktischen Nutzen. In Büchern sah sie englische Gärten, die ihr eher entsprachen: »eine bunte Mischung aus Stauden, Sträuchern, Einjährigen, Kräutern, Rosen, Obstbäumen und Wildpflanzen«. Vertrautes, wie Strauchrosen, Ringelblumen, Zinnien, Akeleien, Haselnuss und Pfaffenhütchen, zog ein. Daraus entwickelte Hildegard Windholz allmählich ihren eigenen Stil, den »bayerischen Cottagegarten«. Den Bauerngartenklassikern stellte sie dafür »edlere Gewächse« zur Seite, die sie anfänglich als unpassend abgelehnt hatte: Zu den Pfingstrosen kamen Strauch-Päonien, zu den alten Apfelsorten der Erdbeertrauben-Rebstock, zu den Wildrosen die Rambler, zur Hundsrose die 'Königin von Dänemark'.

Hinter dem Haus teilen sich vier Elemente eine Wiesenfläche. Dazu gehört der »Buchsgarten«, ein Nachfolger des »Bauerngartens« (Bild 1). Hildegard Windholz legte dafür nicht die üblichen vier Karrees an, sondern ein kleineres Buchsquadrat in einem größeren. Die zwei dienen als Ordnungshüter in der üppig mit Blütengewächsen und Kräutern bepflanzten Komposition. In der Nachbarschaft liegt der verträumte Teich neben dem alten 'Winterrambour'-Apfel. Noch besinnlicher wird es in einer hinteren Grundstücksecke am »Rondell«, einem »abgelegenen Platz zum Zurückziehen«. Ein Roseneingang aus Alba- und Rugosa-Sorten führt in das von einem Erdwall, Sträuchern und einer »Buchsmauer« umgebene Versteck, wo nur Stauden verblieben, die den großen Schneckenbrigaden auf der feuchten Wiese standhalten. Gegenüber ist das Reich der Rosen und Schattenpflanzen, die nun mit weniger Schatten auskommen müssen: Die Fichte des Nachbarn fällte (zum Glück) ein Sturm. Hinter einem Bogen mit 'Veilchenblau' führt ein Weg an Weißdorn und Blutpflaume, Wildrosen, 'Constance Spry', Farnen, Elfenblumen und rotlaubigem Holunder vorbei bis zum 'Raubritter'-Bogen am Ausgang.

Passanten bewundern nicht nur das »alte Häusl«: Der großzügige Vorgarten verlockt zum Spazierenschauen. Kein Zaun grenzt das Grundstück ab, sondern Rosen, Stauden und Sommerblumen sowie ein einladender Rosenbogen. Im Herbst feiern Dahlien eine Orgie in Rot, während der Frühling jedes Jahr anders aussieht. Für die Saison 2009 pflanzte die Hausherrin 400 orange Tulpen im Farbkontrast zu violetten Akeleien und Zierlauch. Das Frühlingsspektakel bereicherte Hildegard Windholz zudem gerade um den »Frühlingshügel« zu Füßen des Baumpaars aus Birke und Buche. Darin vergrub sie einen Schatz aus Hunderten Zwiebelblumen, wie Krokus, Narzissen, Wildtulpen und Märzenbecher. Die Anhöhe dominiert ein violetter Rhododendron, dazu Frühlings-Alpenveilchen in Pink. »Was im Sommer wird, weiß ich noch nicht«, sagt die »bayerische Cottagegärtnerin«. Finden wir es heraus!

GARTEN–STECKBRIEF

Adresse und Öffnungszeiten:
Hildegard Windholz, Bachstraße 7B, 85229 Markt Indersdorf, Tel. 08136/7998. Ein Besuch ist nach telefonischer Absprache möglich

Größe:
1 330 Quadratmeter.

Charakter:
Anfang der Achtziger Jahre, mit dem Hausbau, begann auch die möglichst naturnahe, sinnenfreudige Gestaltung des Gartens im veredelte ländlichen Stil. Ein großer Vorgarten, ein üppig bepflanzter »Buchsgarten«, Teich, intimer Freisitz und ein Pfad durch Rosen und Stauden

1 | Der »Bauerngarten« war ursprünglich ein Zitat aus dem vertrauten Garten der Kindheit: ein Quadrat mit Gemüse- und Kräuterbeeten, umgeben von einem selbst gemachten Holzzaun. An letzterem nagte der Zahn der Witterung derart, dass Hildegard Windholz ihn eines Tages – nach dem Besuch von Gary Rogers – durch Buchshecken ersetzte. Schließlich entwickelte sich daraus der »Buchsgarten«.

2 | Mit 'Bobby James' befindet sich Hildegard Windholz »fast im Krieg«, weil das »Ungetüm« mit seinen Stacheln so »dominant und wehrhaft« ist. Im Foto krallt sich der Rambler noch an die Palmkätzchenweide, die einem Sturm zum Opfer fiel. Eine Holzkonstruktion bietet ihm nun alternative Aufstiegsmöglichkeiten.

3 | Der Teich mit etwa sechs Quadratmetern Wasserfläche ist ein Wunsch der Töchter Vroni und Katharina, die ihn weitgehend auf eigene Faust anlegten. Herrlich verwunschen liegt er da, zur einen Seite flankiert von Iris, Taglilien, Storchschnabel, Astilben, Hundsrosen, Mispel, Schlehe und Pfaffenhütchen.

Vorhergehende Doppelseite:
Großes Bild: Was für ein Vorgarten! Hier trifft man sich lieber als auf der kleinen Terrasse am Haus. Die gesellige Runde hat einen Sitzplatz im Schatten des 'Rheinischen Bohnapfels' und schwelgt im Farbenspiel der Abendsonne. Der alte Mühlstein plätschert seinen Kommentar dazu.
Kleines Bild: Hildegard Windholz nimmt für »den Luxus der Freiheit, für den Garten da zu sein«, viel in Kauf, bekommt dafür aber auch viel zurück. Einen Blütentraum wie an der Rabatte entlang des Hauses, zum Beispiel, mit Lichtnelken, der Kletterrose 'New Dawn' und Stockrosen.

SILVIA UND ALO KRUMM-STRAHAMMER, SEESHAUPT

Redouté weckte die Liebe zu Alten Rosen

»Rosen ohne Duft sind absurd«

»14 Jahre lang hat uns niemand etwas getan«, seufzt Silvia Strahammer. »Dann entdeckten uns die Rehe.« An einem Tag versprachen zahlreiche Rosenknospen noch eine atemberaubende Blüte. Am nächsten Morgen waren alle abgefressen. Das ist hart. Vor allem, weil alte, einmal blühende Sorten im Garten vorherrschen. Die Liebe dazu währt schon gut 30 Jahre, seit die Bilder des Rosenmalers Redouté die Kostümbildnerin dazu inspirierten, ihren winzigen Münchener Stadtgarten mit Alten Rosen zu füllen. Eine »Notwendigkeit«, denn sinnliche Eindrücke, wie der Rosenduft, und die Abhängigkeit von der Natur brauchte Silvia Strahammer als Gegenpol zur zwar bunten, aber künstlichen Welt des Theaters.

Vor zwanzig Jahren zogen die Eheleute aufs Land – inklusive einiger der Alten Rosen. Heute sind es Dutzende. Sie säumen den Weg am Haus entlang zum Eingang in Gesellschaft von Clematis, Pfingstrosen, Iris und ein paar »wirklich spektakulären« Strauch-Päonien in Rosa und Rot, die es im Schutz der Hauswand bislang auf zweieinhalb Meter brachten. Ein geschwungenes, L-förmiges Beet verläuft erst parallel zum Weg und biegt dann nach hinten. »Eine gemischte Rabatte«, kommentiert die Gärtnerin, mit Iris, Türkischem Mohn, Glockenblumen, einem Schmetterlingsstrauch, Salbei und Rosen, gefolgt von einer mit Ramblern, wie 'Albertine' und 'American Pillar', eingewachsenen Pergola. Dahinter versteckt sich ein viereckiges, etwas erhöht liegendes Beet.

Neben dem Christrosenbeet im Schatten der alten Kastanie führen Töpfe mit Alo Strahammers Fuchsien-Sammlung um die Ecke zur schmalen Nordseite des Hauses. Auf den grünen Lloyd-Loom-Stühlen frühstücken die »Eisenrainer« gerne angesichts von Muntermacherfarben in »schönem Licht«: getopfte Lilien in Gelb und Orange, Kübelpflanzen, weiße Rosen, Taglilien, Alpenmohn und Frauenmantel. »Wenn es hier richtig losgeht mit der Blüte bin ich ganz überwältigt von der Sinfonie«, schwärmt Silvia Strahammer. Im Hintergrund lockt an heißen Tagen der »Weiher«. Eigentlich ein Schwimmteich, aber mit 130 Quadratmeter ist die Bezeichnung »Weiher« schon gerechtfertigt. Der Aushub bildet einen Hügel als Hintergrund, mit Weiden, Geißblatt und Goldregen. Die Westseite ist ebenfalls geprägt von sonnigen Farben. Das »runde Beet« beherrschte früher eine Schwarzkiefer. Infolge der Schütte sägte man sie ab, ließ ihren Stamm aber hoch stehen – als Klettergerüst für Rosen, sowie als Befestigungsmöglichkeit für Vogelhaus und Vogelbad. Das Beet leuchtet in Orange und Gelb, mit Rosen, Lilien und der Gelben Strauchpäonie, garniert mit Farnen und Funkien.

Sie haben es gemerkt: Kein Gartenteil ohne Rosen. Die »Lieblingsblumen« müssen eben sein, auch wenn die Natur – hier in Form von Rehen – das zuweilen sabotiert. Einige Jahre lang probierten

die Strahammers sämtliche von den Spezialisten empfohlenen Vergrämungsmittel. Ohne Erfolg. Vor zwei Jahren errichteten sie einen der extrem großmaschigen Drahtzäune, wie sie bei Waldbesitzern üblich sind. Begrünt, ist er nun fast nicht mehr auszumachen. Die Rehe haben das Nachsehen. Zur Freude der Gartenbesitzer. Und der Rosen: »Seit die Rehe nicht mehr einfallen, haben die Sträucher sich explosionsartig entwickelt!« Sind wir da vielleicht einem ganz neuen Rückschnittgeheimnis auf der Spur?

31 GARTEN–STECKBRIEF

Adresse und Öffnungszeiten:
Silvia und Alo Krumm-Strahammer, Eisenrain 1 1/3, 82402 Seeshaupt, Tel. 08801/1276. Ein Besuch ist nach telefonischer Absprache möglich

Größe:
10 000 Quadratmeter.

Charakter:
Ein vor zwanzig Jahren begonnener Garten mit Schwerpunkt auf Alten Rosen und Ramblern sowie standortgerecht gepflanzten Prachtstaude und Gehölzen. Ein Gartenteil in Rosa bis Rot, zwei in Gelb und Orang Mehrere Sitzplätze, Schwimmteich und eine Kübelpflanzensammlung

1 | Bevor die Pergola von Ramblern eingenommen wurde, konnte Gary Rogers die Gartenhütte noch aus dieser Perspektive ins Visier nehmen. Sie fungiert einerseits als Topf-, Werkzeug- und Kaminholzlager, andererseits als »Gartenwirtschaft« mit einem großen Esstisch im Schatten der Kastanie für gesellige Runden im Sommer.

2 | Im westlichen Gartenteil ragen zwei uralte Pflaumenbäume sieben Meter in den Himmel. Der Rambler 'Lykkefund' verhilft dem Paar zu einer atemberaubenden zweiten Blüte und kann sich zudem beim Höhenwettbewerb absolut sehen lassen.

3 | Im viereckigen Garten im Vordergrund gibt es für die Pflanzen keinen allzu tiefen Wurzelraum. Früher stand an seiner Stelle ein weniger hübscher Stadel. Nach seinem Abriss wäre der Abtrag des Stallbodens sehr mühselig gewesen. Daher liegt der viereckige Garten nun um etwa 50 Zentimeter erhöht. Silvia Strahammer entschied sich folgerichtig dafür, an dieser Stelle vornehmlich trockenheitsverträgliche Gewächse, wie Katzenminze und Ziersalbei, zu pflanzen.

Vorhergehende Doppelseite:
Großes Bild: Der viereckige Garten liegt, vom Haus aus gesehen, hinter einem L-förmigen Beet, das einst den Stadel verstecken sollte. Seit den Rosenknospen liebenden »Gourmetrehen« der Zutritt zum Garten verwehrt wird, haben sich die Rosen so stark entwickelt, dass man sie erst mit eigens angefertigten Drahtkörben, später mit Stangen und Ringen abstützt. Kleines Bild: Lupinen begleiten die am Haus entlang gepflanzten Iris, Rosen, Clematis und Pfingstrosen auf dem Weg zum Eingang.

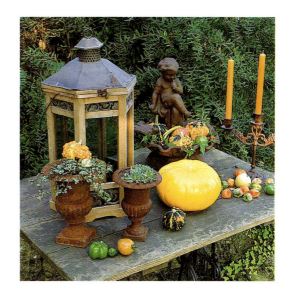

PETRA STEINER, FELDKIRCHEN-WESTERHAM

Nach dem Prinzip des Feng Shui

Ein Ausgleich für die Seele

Eigentlich hatte Petra Steiner auf der ehemaligen Kuhwiese zunächst nur etwas Platz für die Kinder zum Spielen sowie für Gemüse und Sommerblumen haben wollen. Angeregt durch ihre Erfolge mit der eigenen Aussaat beschäftigte sie sich näher mit Pflanzen, entdeckte die Stauden und die unendlichen Möglichkeiten, ihre Fantasie in Gartenbilder umzusetzen. So kam es, dass sie sich jedes Jahr noch ein Stück weiter auf dem Gelände vorarbeitete. Heute sind sämtliche zur Verfügung stehenden 1600 Quadratmeter mit ihren Ideen gefüllt.

Das Gemüse ist geblieben, sogar gleich in zwei eigens dafür angelegten, attraktiven Gemüsegärten. Sie bilden den Auftakt rechts und links des Hauptweges, von dem aus man sich das Areal erschließen kann. Obwohl nach und nach angelegt, stellt sich der Garten als Einheit dar. »Ich habe den Grundriss nach den Vorgaben der optimalen Perspektive entworfen, in Verbindung mit der Harmonisierung der einzelnen Bereiche, also dem Feng-Shui-Prinzip«, sagt Petra Steiner. Sichtachsen – immer mit einem Blickfang am Ende – verlocken den Besucher dazu, ihnen zu folgen und so die einzelnen Gartenzimmer zu entdecken: vom »Buchsgarten« über den »Rasengarten«, den »Mediterranen Garten« und den »Schattensteingarten« bis hin zum »Teichgarten«. Jedes einzelne davon präsentiert sich so detailreich, dass es sich lohnt, alles in Ruhe zu betrachten, und auch daran hat die geschickte Gestalterin gedacht: Überall laden Sitzplätze dazu ein, die Pflanzenkombinationen, Figuren und in Vielzahl vorhandenen Brunnen und Wasserspiele zu genießen und sich vom Alltag zu erholen.

Über die Jahre eignete sich die leidenschaftliche Gärtnerin durch das Studium von Literatur und dem Austausch in Internetfachforen eine so große Pflanzenkenntnis an, dass sie ihre Beete nicht am Schreibtisch vorplanen muss. »Ich stelle mir eine Farbstimmung vor«, beschreibt sie ihren Schaffungsprozess. »Danach wähle ich die Pflanzen aus.« Diese Lust am Kombinieren findet sich in den vielen Themenbeeten wieder, im »Hortensienbeet« ebenso, wie im »Hostabeet«, in der in heißen Farben glühenden »Feuerrabatte«, im »Blauweißen Garten« und im »Gelben Garten«, um nur einige zu nennen. Petra Steiner unterteilte das Gelände mit Buchs- und Thujenhecken, damit sie möglichst viele verschiedene Farbbeete und in sich geschlossene Gartenzimmer mit besserem Mikroklima verwirklichen konnte. Immergrüne, wie der Säulen-Lebensbaum (*Thuja occidentalis* 'Columna'), erwecken im Zusammenhang mit der Pflanzenauswahl in entsprechenden Gefäßen oder in den Rabatten einen mediterranen Eindruck. Einen »eleganten südlichen Garten« zu schaffen hatte sich die Diplom-Betriebswirtin vorgenommen und kann nun sichtlich zufrieden sagen: »Ich habe mein Ziel schon fast erreicht.«

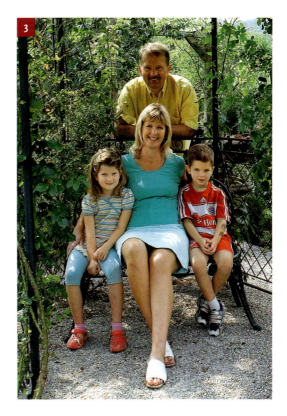

1 | Der »Buchsgarten« gehörte mit zu den ersten Projekten. Er zeigt zwei Merkmale, die hier kennzeichnend sind: Die Gärtnerin hat einen Hang zu gemischten Rabatten. Und zu dekorativen Elementen, wie Bögen und Figuren.

2 | Der Pavillon zeigt die allergrößte Leidenschaft der Gärtnerin: Rosen sind ihre Lieblingspflanzen. 420 Sorten zieren derzeit die zentrale Pergola, zahlreiche Bögen und Beete. Hier sind es 'Jasmina', 'Aloha', 'Rosanna' und 'Super Fairy'.

3 | Gruppenbild mit Gärtnerin im Pavillon: Petra und Leonhard Steiner mit zwei ihrer drei Kinder. Außerdem gehören noch zwei Hunde zur Familie.

Vorhergehende Doppelseite:
Großes Bild: Das Foto trügt, denn Petra Steiner ist nun wirklich »nicht der Liegestuhltyp«. Statt dem »Buchsspringbrunnen« unter dem alten Apfelbaum (»unser Veteran!«) zu lauschen, denkt sie sich viel lieber wieder ein neues Beet aus.
Kleines Bild: Dekorationen, wie dieses herbstliche Stillleben, sind eine Familienangelegenheit. Besonders der Jüngste, sieben Jahre alt, hat seinen Spaß daran.

 GARTEN–STECKBRIEF

Adresse und Öffnungszeiten:
Petra Steiner, Miesbacher Straße 25, 83620 Feldkirchen-Westerham, Tel. 08063/7115. Besuch des Gartens nach telefonischer Absprache.

Größe:
1 600 Quadratmeter.

Charakter:
1998 begann Petra Steiner, eine ehemalige Kuhwiese in einen Garten mit italienischem Flair zu verwandeln. Den organischen Grundriss betont sie mit Hecken, die gleichzeitig als Umrahmung der Gartenzimmer und Hintergrund der Themenbeete dienen. Viele Rosen, Staudensammlungen, Formschnitt, ein Teich, dekorative Elemente.

GARTEN STEINER

MONIKA KASBERGER, BAD GRIESBACH

Start mit Potenzial auf reichlich Zuwachs

Gartenlust als Urlaubsmitbringsel

Als Kind im landwirtschaftlichen Betrieb war es die größte Strafe für Monika Kasberger, im Garten etwas tun zu müssen. Selbst Mutter geworden, ging ihr dagegen viermal das Land für ihre Lust auf Pflanzen und Ideen für die Gestaltung aus. Aus 300 Quadratmetern wurden innerhalb von 19 Jahren 4000. Und das kam so: Nach der Familiengründung nutzte die angehende Gärtnerin ein kleineres Stück Land auf dem Rotttaler Viereckhof für Schaukel und Sandkasten sowie die obligatorischen Gemüsebeete. Vier Quadratmeter Gewächshausfläche widmete sie der Aufzucht von Sommerblumen. Daran muss sie schon richtig Spaß gehabt haben, denn alljährlich kamen 2000 Sämlinge zusammen. Als der Vater die Landwirtschaft aufgab und Pferdeweiden entstanden, nahm sie noch einmal ein gutes Stück zu ihren 300 Quadratmetern dazu, »damit die Pferde nicht ins Küchenfenster gucken«. Dann passierte es: Monika Kasberger sah den »Weißen Garten« in

1 | Das letzte große Stück Land, das zum Garten hinzukam, nutzte die Bad Griesbacherin für Inselbeete mit verschiedenen Themen, drei darunter für Rambler an großen Obelisken mit farblich abgestimmter Unterpflanzung: weiß mit 'Brenda Colvin', rosa mit 'Fragezeichen' und, nicht im Bild, rot mit 'Chevy Chase'.

2 | Zwischen Sommerflieder, Rosen und Funkien führt der Weg zum Teich. Pflastern gehört in diesem Garten zu den Aufgaben von Ehemann Manfred Kasberger, der sich außerdem um die vielen Rasenflächen und um den Heckenschnitt kümmert.

3 | Neben der Rosensammlung und den Staudenbeeten findet Monika Kasberger großen Gefallen an schmückenden Elementen. Sieben Sitzplätze verteilte sie im Garten, davon werden aber nur drei tatsächlich genutzt. Die anderen dekoriert sie lieber und findet: »Ohne diese Sitzplätze wäre der Garten nicht das, was er ist.«

Vorhergehende Doppelseite:
Großes Bild: Am Rosengarten vorbei kommt man zum Pavillon. Dessen Vorbild sah Monika Kasberger in einem Gartenbuch und forderte einen Bauplan dazu an – der nie kam. Umso besser: Ihr Vater, ein Hobbyschreiner, baute ihn dann acht- statt sechseckig und somit geräumiger. **Kleines Bild:** Zu den ersten »Versuchen« mit Alten Rosen gehörte auch die wunderschöne, duftende 'Charles de Mills'.

Sissinghurst. Von da ab wurde ihr der Platz für ihre Beete und Projekte immer wieder zu klein. Mit den Pflanzen wuchs der Garten. Vor drei Jahren kam noch ein letztes Mal ein großes Stück hinzu.

Es überrascht kaum, dass die Bayerin ihren »Weißen Garten« anlegte, zwei große Beete, geteilt durch einen Kiesweg, der sich in der Mitte zu einem Rondell mit Sprudelstein weitet. Leicht hat sie es sich damit nicht gemacht, denn er lag erst im trockenen Schatten einer alten, mit 'Bobby James' bewachsenen Mostbirne. Seitdem die »leider« wegen Feuerbrands gefällt wurde, gedeihen die Pflanzen viel besser. Wie so oft, stellt sich auch hier heraus, dass nicht alles, das als weiß blühend verkauft wird, sich daran hält. »Dann breche ich die Blüten aus und setze die Gewächse zur Pflanzzeit woanders hin«, sagt Monika Kasberger pragmatisch.

Weitere Beete entstanden in aufeinander abgestimmten Farben. Sehr bald gaben in vielen davon die Rosen den Ton an – eine Sammelleidenschaft, die mit dem Besuch des Rosenzüchters Kordes während eines Nordseeurlaubs ihren Anfang nahm. Neben dem Rosengarten und einem Rosenbeet spielen sie die Hauptrolle in sieben Beeten mit Stauden sowie in zwei gemischten Rabatten. Sie hängen ihre Blütengirlanden über eine Rosenlaube ebenso wie über den Rosenlaubengang, der zum Roseneisenpavillon führt.

Stauden sind in diesem Garten mehr als die farblich passende Begleitung der Rosen. Zu Füßen einiger Haselsträucher und vor einer Zweisitzerlaube komponierte Monika Kasberger je ein Beet mit Schattenstauden. Sie verbucht Erfolge mit dem bereits 15 Jahre alten Mammutblatt und dem Kalifornischen Baummohn. Außerdem gibt es den »Farngarten«, den »Purpurgarten« und zwei Beete mit Stauden und Gräsern, eines davon mit Gehölzen.

Apropos: Auch letztere kommen im Bad Griesbacher Garten nicht zu kurz. Neben Trauerweide und Birkenallee findet die Pflanzenliebhaberin Gefallen an besonderen Arten, wie Catalpa, Blauglöckchen- und Amberbaum. Und als wäre all dies noch nicht genug, füllt sie den Innenhof mit um die 170 Kübelpflanzen.

Sissinghurst war der Auslöser. Und nach Sissinghurst fährt Monika Kasberger immer wieder zurück. »Es ist wie heimkommen«, findet sie. Jedes Mal notiert sie dort neue Pflanzen, die für ihren eigenen Garten interessant wären. Auf mehr Fläche kann sie zwar nicht bauen – alles Land um den Vierseithof steht ihr bereits zur Verfügung. Doch da ist noch etwas Luft drin. Beruhigend!

33 GARTEN–STECKBRIEF

Adresse und Öffnungszeiten:
Monika Kasberger, Thanham 4, 94086 Bad Griesbach, Tel. 08532/8900. Ein Besuch des Gartens ist nach telefonischer Absprache möglich.

Größe:
Rund 4 000 Quadratmeter.

Charakter:
Der vor 19 Jahren begonnene Garten auf landwirtschaftlicher Fläche wurde nach und nach erweitert. Der Schwerpunkt liegt auf Rosen, die Mehrheit davon Alte Sorten und Rambler. Staudenbeete zu verschiedenen Themen. »Weißer Garten«, »Purpurgarten«, »Farngarten«, zwei Teiche, viele Sitzplätze, Innenhof mit Kübelpflanzen, drei Pavillons.

GARTEN KASBERGER

Adressen

Bundesweit

Deutsche Gesellschaft für Gartenkunst und Landschaftskultur e.V.
Wartburgstr. 2
10823 Berlin
Tel.: 0 30 / 78 71 36 13
www.dggl.org/bundesverband/
bv_gartenpforten_start.html

Bund Deutscher Landschafts-
architekten
Köpenicker Str. 48/49
10179 Berlin
Tel.: 0 30 / 2 78 71 50
www.gartenwelten.net

Gesellschaft der Staudenfreunde e.V.
Neubergstr. 11
77955 Ettenheim
Tel.: 0 78 22 / 86 18 34
www.gds-staudenfreunde.de
Informationen zur »Offenen Pforte«
über Ilse Köcher
Rotdornweg 17
21255 Tostedt

Baden-Württemberg

»Offene Gartentür«
Informationen über
Heidrun Holzförster
Landratsamt Ortenaukreis
Badstr. 20
77652 Offenburg
Tel.: 07 81 / 8 05 71 14

Bayern

Bayerischer Landesverband für
Gartenbau und Landespflege e. V.
Herzog-Heinrich-Str. 21
80043 München
Tel.: 0 89 / 5 44 30 50
www.gartenbauvereine.org

Allgäu
»Offene Gärten zwischen
Ulm und Allgäu«
Informationen über Dieter Gaissmayer
Jungviehweide 3
89257 Illertissen
www.gaissmayer.de

Ober- und Niederbayern
»Tag der offenen Gartentür«
Informationen über die Kreisfachbe-
rater/-innen für Gartenkultur und
Landschaftspflege an den Landrats-
ämtern, Sachgebiet Gartenbau Ober-
bayern/ Niederbayern
Herr Schmöger, Tel.: 08 71/9 75 18 95 56

Oberpfalz
»Tag der offenen Gartentür«
Informationen über den Bezirksver-
band Oberpfalz für Gartenbau und
Landespflege, Rosa Prell
Stockackerweg 4
92712 Pirk
Tel.: 0 96 1 / 4 27 12
www.gartenbauvereine-oberpfalz.org

Schwaben

»Offene Gärten in Schwaben/Bayern«
Informationen über Gerhard Sandtner
Bürgermeister-Grimmiger-Str. 14
89420 Höchstädt
Tel.: 0 90 74 / 95 79 84

»Tag der offenen Gartentür«
Informationen über die Kreisfachbe-
rater/-innen für Gartenkultur und
Landschaftspflege an den Landrats-
ämtern, Sachgebiet Gartenbau
Bayern-Südwest
Frau Fugger, Tel.: 08 21 / 26 09 11 36

Berlin

Arbeitskreis "Offene Gärten" der
DGGL Berlin-Brandenburg e.V.
Informationen über Sandy Wolf
Marienfelder Str. 40
15831 Mahlow
Tel.: 0 33 79 / 20 48 50
www.offene-gaerten-berlin-umland.de

»Offene Gartenpforte in Berlin«
Informationen über Renate Bormann
Urania-Verein »Wilhelm Foerster«
Potsdam e.V.
Gutenbergstr. 71/72
14467 Potsdam
Tel.: 03 32 03 / 7 86 24
www.urania-potsdam.de

»Offene Gärten im Oderbruch«
Informationen über
Dr. Sonnhild Siegel
Wahnfriedstr. 52
13465 Berlin
Tel.: 0 30 / 4 01 90 87
www.odergaerten.de

Brandenburg

»Offene Pforte Oranienburg und
Umgebung«
Informationen über Peter Leymann
Dr.-Kurt-Schumacher-Str. 15
16515 Oranienburg
Tel.: 0 33 01 / 5 60 45
www.offene-pforte-oranienburg.de

»Tage der offenen Gärten« in der
Region Dahme-Spreewald
Informationen über
Frau Poppelbaum
VHS Dahme-Spreewald
Logenstr. 17
15907 Lübben
Tel.: 0 35 46 / 27 03 60
www.vhs-dahme-spreewald.de

Bremen

»Offene Gärten«
Informationen über BIS Bremerhaven
Touristik & Tourist-Infos
H.-H.-Meier-Str. 6
27568 Bremerhaven
Tel.: 04 71 / 41 41 41

Hamburg

»Die offene Gartenpforte«
Informationen über die Gesellschaft
zur Förderung der Gartenkultur e.V.
Anke Kuhbier
Rothenbaumchaussee 175
20149 Hamburg
www.gartengesellschaft.de

Hessen

»Offene Gartenpforte Hessen«
Informationen über Frau Bartnik
Fachverband Garten-, Landschafts-
und Sportplatzbau Hessen-Thüringen
Max-Planck-Ring 39
65205 Wiesbaden-Delkenheim
Tel.: 0 61 22 / 93 11 40
www.offene-gartenpforte-hessen.de

»Tag der offenen Gärten in
Waldbeck/ Frankenberg«
Informationen über Sigrid Göbel
Tel.: 0 56 31 / 56 61 09
www.landkreis-waldeck-
frankenberg.de

»Das offene Gartentor Bad Nauheim«
Informationen über die
Stadt Bad Nauheim, Rudi Nein
Parkstr. 36 – 38
61231 Bad Nauheim
Tel.: 0 60 32 / 8 43 73
www.bad-nauheim.de

Mecklenburg-Vorpommern

»Offene Gärten Mecklenburg-
Vorpommern e.V.«
Informationen über Matthias Proske
Demmlerplatz 6
19053 Schwerin
Tel.: 0 38 61 / 75 09
www.offene-gaerten-mv.de

»Offene Gartenpforte Rostock«
Informationen über Kai Lämmel
Rosa-Luxemburg-Str. 19
18055 Rostock
Tel.: 03 81 / 4 90 99 82
www.gartenpforte-rostock.de

Niedersachsen

Landkreis Ammerland
»Bauerngärten im Nordwesten«
Informationen über Anke zu Jeddeloh
Wischenstr. 9
Jeddeloh I
26188 Edewecht
Tel.: 0 44 05 / 73 02
www.bauerngaerten-nordwest.de

Braunschweig
»Gärten in und um Braunschweig«
Informationen über Maria Warnat
An der Wasche 12b
38122 Braunschweig
Tel.: 0 53 00 / 63 36
www.offenepforte-braunschweig.de

Celler Land
»Die offene Pforte«
Informationen über Adelheid Schmidt
Wittinger Str. 76
29223 Celle
Tel.: 0 51 41 / 20 81 73
www.die-offene-Pforte.de.ms

Diepholz
»Gartentour«
Informationen über
Margret Jymbroszyk
Am Sportplatz 99
27305 Engelen/OT Scholen
Tel.: 0 42 52 / 20 40
www.gartentour-niedersachsen.de

Hannover
»Tag der Offenen Gartentür«
Informationen über
Gesa Klaffke-Lobsien
Tel.: 05 11 / 4 10 60 69 und die
Landeshauptstadt Hannover
Grünflächenamt
Langensalzastr. 17
30169 Hannover
Tel.: 05 11 / 16 84 38 01

Hildesheim
»Gärten in und um Hildesheim«
Informationen über Ursula Kreye-
Wagner und Verena Leonhardt
Terrassenstieg 15
31141 Hildesheim
Tel.: 0 50 64 / 96 06 78
www.offenegartenpforte-
hildesheim.de

Osnabrück und Umgebung
»Das offene Gartentor«
Informationen über Rüdiger Weddige
Stollenweg 22b
49134 Wallenhorst
Tel.: 05 41 / 68 42 38

Landkreis Osterholz
»Offene Pforte – Gärten im
Kulturland Teufelsmoor«
Informationen über Maike de Boer
Schumannring 3
27711 Osterholz-Scharmbeck
Tel.: 0 47 91 / 89 84 79
www.gartenbegeisterung.de

Ostfriesland, Emsland
»In Nachbars Garten/
Het tuinpad op«
Informationen über
Christiane Denecke
Alter Weg 10
26632 Riepe
Tel.: 0 49 28 / 4 11
www.innachbarsgarten.de

Landkreis Rotenburg (Wümme)
»Private Gärten entdecken
und erleben«
Informationen über
Karin und Christoph Gester
Orthof 18
27374 Visselhövede
Tel.: 0 42 60 / 6 20
www.private-gaerten.de

Schaumburger Land

»Offene Pforte«
Informationen über Ulrike Schabel
Hauptstr. 70
31719 Wiedensahl
Tel.: 0 57 26 / 7 88

Soltau-Fallingbostel

»Über Zäune schau'n...«
Informationen über Marita Eichler
Marienburger Str. 1
29683 Bad Fallingbostel
Tel.: 0 51 62 / 62 82
www.ueber-zaeune-schauen.de

Wendland

Gruppe »Gartenräume« –
Offene Gärten im Wendland
Informationen über Jörg Knaak
Müggenburg 34
29439 Lüchow
Tel.: 0 58 41 / 96 13 66
www.gartenraeume.info

Nordrhein-Westfalen

Bocholt

»Offene Gartenpforte«
Informationen über Dr. Susanne Paus
VHS Bocholt – Rhede-Isselburg
Südwall 4a
46397 Bocholt
Tel.: 0 28 71 / 25 22 31
www.bluehende-paradiese.de

Bochum

»Offene Gärten Bochum«
Informationen über Christa Sattler
Tel.: 02 34 / 85 48 87
www.offenegaerten-bochum.de

Essen

»Offene Pforte im Revier«
Informationen über Sabine Baumann
Am Ehrenfriedhof 10
45149 Essen
Tel.: 02 01 / 71 77 61
www.goodgardeners.eu

Haan

»Haaner Gartenlust«
Informationen über Eugenie Govaarts
Zwengenbergerstr. 41
42781 Haan
Tel.: 0 21 29 / 81 98
www.haaner-gartenlust.de

Münsterland/Westfalen

»Offene Gärten im Münsterland
und Westfalen«
Informationen über Winfried Rusch
Lindenstr. 6
48727 Billerbeck
Tel.: 0 25 43 / 45 84
www.w-rusch.de

Niederrhein

»Offene Gärten«
Informationen über Familie Krautwig
Fürstenberg 18
46509 Xanten
Tel.: 0 28 01 / 44 43
www.offene-gartenpforte.de.vu

Recklinghausen

»Offene Gärten«
Informationen über
Antoinette und Uwe Knaak
An der Koppel 7
45659 Recklinghausen
Tel.: 0 23 61 / 2 15 84
www.offenegartenpforte.de

Nördliches Rheinland

»Offene Gartenpforte«
Informationen über das
Zentrum für Gartenkunst und
Landschaftskultur
Schloss Dyck
41363 Jüchen
Tel.: 0 21 82 / 82 40
www.offene-gartenpforte.de

Südliches Rheinland

»Offene Gartenpforte«
Informationen über die
Bundesstadt Bonn
Amt für Stadtgrün
Berliner Platz 2
53103 Bonn
Tel.: 02 28 / 77 42 46

Sauerland

»Gartenlust im Sauerland«
Informationen über Thomas Vollmert
Am Eisenberg 29
57413 Finnentrop-Rönkhausen
Tel.: 0 23 95 / 7 99
www.gartenlust-im-sauerland.de

Rheinland-Pfalz

Rheinhessen

»Offene Gärten«
Informationen über Anne Rahn
Wahlheimer Hof 22
55278 Hahnheim
Tel.: 0 67 37 / 80 97 88
www.offene-gaerten-rheinhessen.de

Westerwald

»Gärten im Westerwald öffnen
ihre Pforten«
Information über Georg Möller
Oehndorfstr. 19
57518 Betzdorf
Tel.: 0 27 41 / 45 76
www.oehndorf-garten.de

Pfalz und Elsass

»Offene Gärten«
Informationen über Gabi Westermann
Schießmauer 7
76872 Minfeld
Tel.: 0 72 75 / 91 38 05
www.offenegaerten-pfalzundelsass.de

Saarland

»Das offene Gartentor«
Informationen über Carmen Darms
Deutsche Gesellschaft für Garten-
kunst und Landschaftskultur e.V.
Großwaldstr. 80
66126 Saarbrücken
Tel.: 06 81 / 9 05 13 84

Sachsen

Initiative »Offene Gartenpforte«
Informationen über
www.offene-gartenpforte-dresden.de

»Tag des offenen Gartens« Freital
Informationen über den Arbeitskreis
»Naturbewahrung« der Lokalen
Agenda 21
August-Bebel-Str. 3
01705 Freital
Tel.: 03 51 / 64 50 07
www.umweltzentrum-freital.de

Sachsen-Anhalt

»Offene Gärten der Altmark –
Balsam für die Seele«
Informationen über den Tourismus-
verband Altmark e.V.
Marktstr. 13
39590 Tangermünde
Tel.: 03 93 22 / 34 60
www.altmarktourismus.de/pages/
gartenlandschaft_altmark.html

»Offene Gärten in und
um Wittenberg«
Informationen über Sabine Priezel
Rotes Land 74
06886 Lutherstadt Wittenberg
Tel.: 0 34 91 / 66 43 59
www.kraeuter-querbeet.de/
offene-gaerten.html

Schleswig-Holstein

Aktion »Offener Garten«
Informationen über Ljiljana Ehler
Lindenweg 4
23730 Hermannshof
Tel.: 0 45 64 / 99 28 50
www.offenergarten.de

»Offene Gärten im Wikingerland«
Informationen über
www.wikingerland.de/Start/Übertraeg
e/inhalt_gartenfreunde.htm#garten

Thüringen

»Open Gardens –
Offene Gärten in Thüringen«
www.offene-gaerten.info

»Offene Gärten Himmelstadt«
Informationen über
Jutta und Reinhard Steinmetz
Untere Ringstr. 13
97267 Himmelstadt
Tel.: 0 93 64 / 23 14
www.dorferlebnistag.de

Bibliographische Information der Deutschen Bibliothek

Die Deutsche Bibliothek verzeichnet diese Publikation in der
Deutschen Nationalbibliographie; detaillierte bibliographische
Daten sind im Internet über http://dnb.ddb.de abrufbar.

BLV Buchverlag GmbH & Co. KG

80797 München

© 2009 BLV Buchverlag GmbH & Co. KG, München

Das Werk einschließlich aller seiner Teile ist urheberrechtlich geschützt.
Jede Verwertung außerhalb der engen Grenzen des Urheberrechtsgesetzes
ist ohne Zustimmung des Verlags unzulässig und strafbar. Das gilt ins-
besondere für Vervielfältigungen, Übersetzungen, Mikroverfilmungen
und die Einspeicherung und Verarbeitung in elektronischen Systemen.

Bildnachweis: Alle Bilder Gary Rogers,
außer S. 1400: Jahreszeiten Verlag/J. Holzenleuchter
Vor-/Nachsatz: Computergrafik Mair
Umschlagfotos: Gary Rogers
Klappenfotos: Vordere Klappe (Gary Rogers): Heinz Holert;
hintere Klappe (Silke Kluth): Stefan Müller

Lektorat: Dr. Thomas Hagen
Herstellung: Hermann Maxant
Layout und Satz: Uhl + Massopust, Aalen
Gedruckt auf chlorfrei gebleichtem Papier

Printed in Germany
ISBN 978-3-8354-0438-0

Und noch mehr Traumgärten: exklusive Einblicke in private Paradiese

Gary Rogers/Silke Kluth
Traumhafte Privatgärten in Deutschland
Der faszinierende Bildband: eine Rundreise durch ganz Deutschland zu
33 Privatgärten mit »Offener Gartenpforte« · Zu jedem Garten: brillante
Beschreibungstexte und Kurzinfos zu Lage, Details, Öffnungsterminen etc.
ISBN 978-3-8354-0089-4

Bücher fürs Leben.

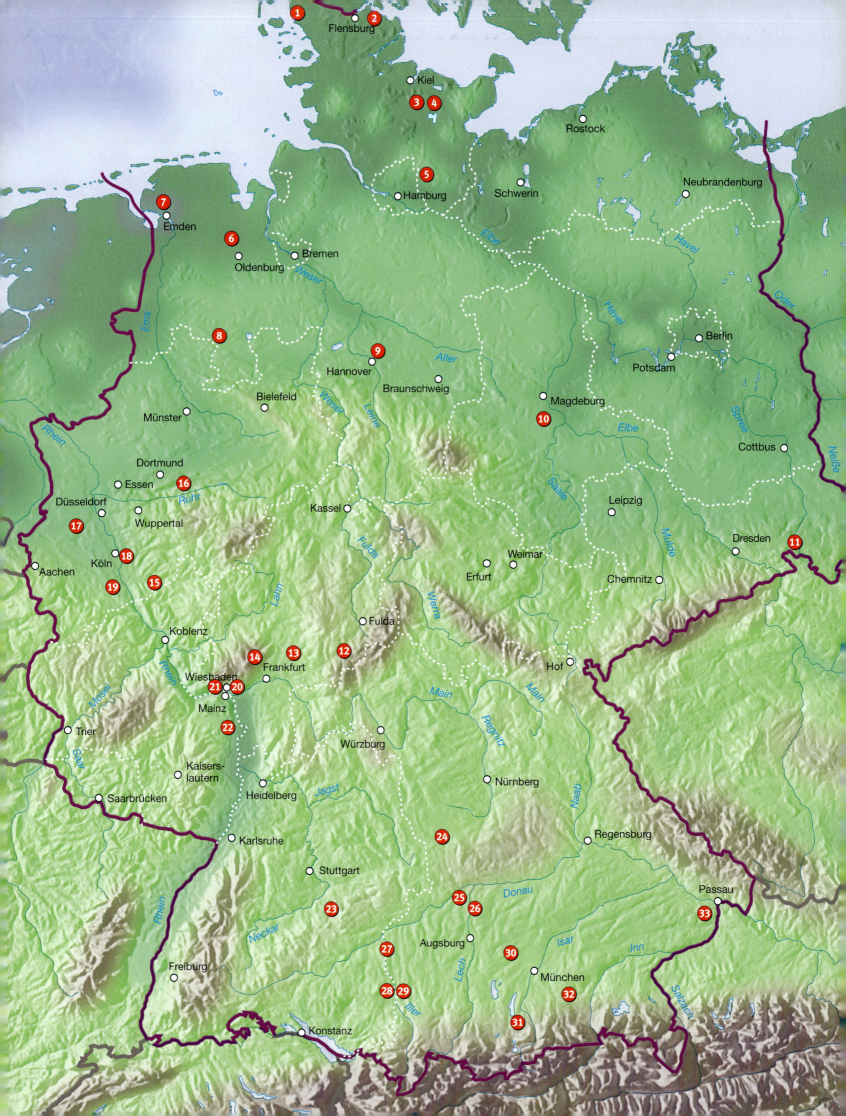